책의 연인
소설가 이신조의 행간의 추억

책의 연인
ⓒ 이신조, 2007

초판 1쇄 인쇄일 | 2007년 10월 26일
초판 1쇄 발행일 | 2007년 11월 02일

지은이 | 이신조
펴낸이 | 김현주
펴낸곳 | 이룸

출판등록 | 1997년 10월 30일 제10-1502호
주소 | 121-840 서울시 마포구 서교동 395-172 상록빌딩 2층
전화 | 편집부 (02)324-2347, 영업부 (02)2648-7224
팩스 | 편집부 (02)324-2348, 영업부 (02)2654-7696
e-mail | erum9@hanmail.net
Home page | http://www.erumbooks.com

편집 | 진원지
북 디자인 | 수류산방(박상일+박재성)
제작 | 김동영, 조명구

ISBN 978-89-5707-358-2 (03810)
값 11,700원

● 잘못된 책은 교환해 드립니다.
● 저자와의 협의하에 인지는 생략합니다.

책의 연인

소설가 이신조의 행간의 추억

작가의 말

나는 문학소녀가 아니었다. 책벌레는 더더욱 아니었다.

문학소녀였던 적 없이 소설가가 되었고, 지금도 책을 벌레처럼 읽지는 못한다.

책과 함께 잠이 들었던 어느 날, 눈을 떴을 때 문득 곁에 누워 있던 책을 깊이, 깊이 사랑하고 있다는 것을 깨달았다. 나는 책과 사랑을 나누었다. 책의 연인으로 살아가게 되었음을, 그것을 허락받게 되었음을 깨달은 순간이었다.

물론 내가 모든 책의 연인이 될 수는 없을 것이다. 모든 책의 연인이 되고 싶지도 않다. 더구나 연인이 되는 일이 즐겁고 행복하기만 한 일이 아님은 책의 경우도 마찬가지다. 그러나 사랑, 행간의 추억은 짐짓 충만하고 압도적이고 또 치명적이다. 책이 고독한 자들만을 자신의 연인으로 삼으려 한다는 것은 제법 널리 알려진 사실이다. 그러니까 우리가 서로의 연인이 되어 주었던 그 책, 그 한 권의 책 — 그 단어가, 그 문장이, 그 페이지가, 그 책이 어디서 어떻게 생겨나 결국 내게 도착했는지를 생각하면 경이롭기만하다. 그 단어가, 그 문장이, 그 페이지가, 그 책이 쓰여지던 순간에 이미 이 순간마저 정해져 있던 것은 아닐까, 하는 전율. 책이라는 우주를 이루는 어떤 섭리. 하여 나의 연인, 책. 그는 대체로 무섭고 슬프고 아름답다.

그런 그의 연인이 된다는 것. 견딜 수 없다는 느낌, 무엇도 손에 잡히지 않고, 오래도록 서성이거나 잠을 이룰 수 없다. 그러나 나는 그를 기꺼이 그리워하고 기다릴 수 있다. 깊고 진한 영혼을 가진 책의 연인이 될 수 있는 삶이 내게 주어졌다는 것에 언제까지나 감사해야 한다는 것을 안다.

이 책은 2005년 9월부터 2007년 1월까지 <주간한국>에 연재한 칼럼들을 모은 것이다. 글을 연재하는 동안 책의 연인임을 스스로 확인하고 자부할 수 있어 기뻤다. 이 책이 씌어지고 만들어진 지난 시간에 과연 이 책도 누군가의 연인이 될 수 있는가가 미리 정해졌는지 어쩐지는 내가 감히 가늠할 수 없는 일이다. 다만 이 책을 읽는 그 누군가가 나의 연인인 그를, 그의 연인인 나를, 나와 그의 사랑을, 깊이 질투해주었으면 좋겠다.

파스칼 키냐르는 썼다, 책에 썼다 — 사랑하다, 즉 책을 펼쳐놓고 읽다.

2007년 가을, 이신조

4   작가의 말

          I

12   우리 삶의 진실한 내용은?
산도르 마라이, 《열정》

18   미미한 균열을 옹호함
크리스티나 페리 로시, 《쓸모없는 노력의 박물관》

24   산전수전 공중전
로알드 달, 《맛》

30   당신이 눈과 얼음에 대해 뭔가 알고 싶다면
페터 회, 《스밀라의 눈에 대한 감각》

36   그녀들의 슬프고도 아름다운 미소
도리스 되리, 《나 이뻐?》

42   깊고 무거운 하루키
무라카미 하루키, 《태엽 감는 새》

48   사랑할 수 없다면 멸망하라
미셸 우엘벡, 《소립자》

54   차갑게 빛나는 황폐함
배수아, 《철수》

60   은밀하게, 더욱 은밀하게
파스칼 키냐르, 《은밀한 생》

67   슬픈 모국어
수키 김, 《통역사》

73   유토피아는 디스토피아에서 시작된다
조하형, 《키메라의 아침》

78   삶과 사랑과 진실의 총체
조너선 샤프란 포어, 《엄청나게 시끄럽고 믿을 수 없게 가까운》

84   그들의 목소리에 귀를 기울이면
존 버거, 《여기, 우리가 만나는 곳》

91   테레사와 토마스와 사비나와 나
밀란 쿤데라, 《참을 수 없는 존재의 가벼움》

II

100 서정시를 쓰기 힘든 시대
베르톨트 브레히트, 《살아남은 자의 슬픔》

108 지금 시가 없는 어디에서 그녀들은
최승자, 《즐거운 일기》

117 사랑을 잃고 나는 쓰네
기형도, 《입 속의 검은 잎》

123 풀보다 먼저 일어서는 시인
최하림, 《김수영 평전》

129 시인의 사유, 지구의 꿈
이성복, 《오름 오르다》

135 기다려라, 스페인!
김혜순, 《들끓는 사랑》

141 그녀는 예뻤다
황인숙, 《인숙만필》

III

148 　그림, 시대, 인간
서경식, «청춘의 사신»

154 　씨앗을 짓이겨서는 안 된다
케테 콜비츠, «케테 콜비츠»

160 　신비의 발명, 부조리의 매혹
수지 개블릭, «르네 마그리트»

166 　존재하며서 살아가기
타샤 튜더, «행복한 사람, 타샤 튜더»

172 　소녀는 울지 않는다
이다, «이다의 허접질»

178 　활활 타오르는 남자
빈센트 반 고흐, «반 고흐, 영혼의 편지»

IV

186　'운명의 연인'이 아닌 '연인이라는 운명'
롤랑 바르트, 《사랑의 단상》

192　천상천하 유아독존
메이 사튼, 《혼자 산다는 것》

198　지식과 지혜 사이
버트런드 러셀, 《인간과 그밖의 것들》

204　나는 너무나 아프다
필립 샌드블롬, 《창조성과 고통》

210　오직 착하고 아름답기 위해서
서준식, 《서준식 옥중서한 1971-1988》

216　그녀의 무덤은 이 땅에 있다
야마다 쇼지, 《가네코 후미코》

222　발전이라는 서글픈 오해
헬레나 노르베리-호지, 《오래된 미래》

228　상처는 어떻게 유령이 되는가
마이클 길모어, 《내 심장을 향해 쏴라》

234　'현대소녀' 탄생
장-자크 르세르클 외, 《앨리스》

240　우리에게 한국전쟁은 무엇이었나?
김동춘, 《전쟁과 사회》

246　'옳다'라고 말하지 않는 종교
가와이 하야오, 나카자와 신이치, 《불교가 좋다》

252　그의 역사가 우리의 역사다
정수일, 《소걸음으로 천리를 가다》

258　'절대'는 없다
리영희, 《대화》

264　지금 여기, 나라는 풍경 2004
김형경, 《사람풍경》

270　《책의 연인》 등장 도서 목록

책의 연인

I

문이 열리고 있다는 기이한 느낌, 갑자기 문지방을 넘어선 느낌, 내 삶의 입구가 갑자기 현기증을 일으키는 느낌, 언어의 획득과 관련된 더 거칠고, 더 날것이고, 더 명철하고, 더 깊고, 더 생생한 경험의 느낌을 나는 자주 맛보았다. 삶이 아닌 것, 어리석음과 슬픔, 암울한 혼란, 이런 것들의 한 시대가 마치 허물처럼 떨어지는 느낌이다. 페이지들은 갑작스럽게 열린 창의 문짝들이다.

― 파스칼 키냐르, 《은밀한 생》 중에서

우리 삶의 진실한 내용은?
산도르 마라이, 《열정》

인생의 어느 밤, 산도르 마라이를 읽을 수 있다는 것은 축복이다.

산도르 마라이는 1900년 오스트리아-헝가리 제국의 소도시 카샤우에서 태어났다. 20세기 초의 동유럽은 역사적 사건들이 끊임없이 회오리치는 격동의 현장이었다. 마라이의 조국인 헝가리는 그 회오리의 중심에 놓여 있었다. 그의 고향은 1차 세계대전 후 체코의 영토가 되었고, 대학 생활을 시작한 부다페스트에서 마라이가 목격한 것은 군주제의 몰락과 극심한 좌우 대립으로 말미암은 정치적 혼란이었다.

젊은 마라이는 조국을 떠나 독일에서 문필가로서의 삶을 시작한다. <프랑크푸르트 신문>에 글을 기고하며 독일의 여러 도시를 거쳐 그는 아내와 함께 프랑스 파리로 이주한다. 파리에서 마라이의 문학적 열정은 더욱 깊이를 얻는다. 그러나 그가 진정 바란 것은 조국인 헝가리로 돌아가 모국어로 작품을 쓰는 일이었다. 그의 바람은 이루어질 듯 보였다. 헝가리로 돌아온 마라이는 1930년대와 40년대에 걸쳐 여러 작품을 발표하며 소설가로서 인정을 받고 명성을 얻는다. 그러나 불안정한 조국의 정치 상황은 왕성한 창작 활동을 하고 있던 마라이를 환멸과 절망에 빠뜨린다. 1948년 헝가리의 공산독재정권을 뒤로하고 그는 다시 망명길에 오른다. 그 뒤로 1989년 미국 샌디에이고에서 숨을 거둘 때까지 41년 동안 그는 다시는 조국 땅을 밟지 못한다. 이탈리아, 스위스, 미국 등 세계 여러 곳에 머물지만 마라이는 그 어느 곳에도 완전히 정착하지 못했다. 그는 쓸쓸하게 떠도는 망명객의 운명을 타고난 예술가였던 것이다.

이렇듯 지난한 마라이의 삶의 궤적을 소개하는 것은 그가 철저히 잊혀졌던 작가이기 때문이다. 놀라운 문학적 성취에도 불구하고 그의 이름은 아직 우리에게 너무나 덜 알려져 있다. 마라이가 20세기를 대

산도르 마라이, 《열정》

표하는 세계적인 문호의 반열에 오른 것은 안타깝게도 그가 죽은 후인 2000년대에 이르러서다. 90년대 후반 마라이가 1942년 헝가리에서 발표한 《열정》이 뒤늦게 이탈리아와 독일 등지에서 출간되자 그 반응은 유럽 독서계를 뜨겁게 달구었다. 여러 언론들은 '위대한 유럽 작가의 재발견' '우리는 벌써 오래전부터 그를 알았어야 했다' '우리는 앞으로 토마스 만, 프란츠 카프카, 로베르트 무질 등과 나란히 그를 거론하게 될 것이다' 등의 찬사를 쏟아 내며 숨겨져 있던 보석을 발견한 것에 대한 흥분을 감추지 않았다. 이념과 냉전의 희생양으로, 조국으로부터 부르주아 작가라는 오명을 얻고 평생 망명자로 살다가 89세에 권총 자살로 고독한 생을 마감한 한 작가의 빛나는 예술혼이 뒤늦게야 가치를 인정받게 된 것이다.

소설 《열정》은 퇴역 장군인 헨릭과 그의 친구 콘라드의 이야기다. 둘은 한 형제와도 같은 죽마고우로 깊고 끈끈한 우정을 키워 나가며 함께 성장한다. 그러나 성인이 된 뒤 그들은 뜻밖의 사건으로 헤어지게 되고, 소설은 장장 41년 만에 이루어진 재회의 하룻밤을 그리고 있다. 그 하룻밤에 75세의 노인이 된 두 친구의 전 생애가 고스란히 담겨 있다.

헨릭은 부유한 귀족의 후예로 전통과 명예 그리고 무엇보다 우정을 소중히 여기는 청년이었다. 친구 콘라드는 몰락한 가문을 위해 군인의 길을 선택하지만 가슴속에는 예술가의 자유로운 기질을 품고 있었다. 헨릭은 콘라드의 소개로 만난 아름다운 여인 크리스티나와 결혼한다. 그리고 몇 년이 흐른다. 헨릭은 어느 날 사랑하는 아내 크리스티나와 피를 나눈 형제보다 더 가까운 친구 콘라드가 불륜의 관계임을 알게 된다. 새벽의 사냥터에서 콘라드가 자신을 죽이려 했음을 직감한 헨릭의 인생은 한순간에 충격과 혼돈 속으로 빨려 들어간다. 다음 날 콘라드는 한마디 말도 없이 어디론가 멀리 사라져 버린다. 친구의 집으로 달려간 헨릭은 그곳에서 아내 크리스티나와 마주친다. 그리고 침묵 속에 41년이 흐른다.

   증류수처럼 정제된, 시처럼 함축적인 산도르 마라이의 아름다운 문장들이 사랑과 우정, 신의와 배신을 휘저으며 걷잡을 수 없이 소용돌이친다. 헨릭과 콘라드는 돌이킬 수 없는 상처를 간직한 채 각기 다른 방식으로, 그러나 같은 질감의 41년이란 시간을 보내고 다시 서로 앞에 섰다. 이제 인생에서 그들을 기다리고 있는 것은 죽음뿐이며, 그 죽음을 맞이하기 위해서는 꼭 한번 서로를 다시 만나야 한다는 것을 두 친구는 알고 있었다. 헨릭은 콘라드에게 크리스티나의 죽음을 알린다. 그러나 그것마저도 이미 오래전의 이야기다. 욕망, 질투, 분노, 증오, 절망, 죄책감은 41년이 흐르는 동안 그 본래의 빛을 잃었다. 지나간 인

산도르 마라이, 《열정》

생의 긴 시간을 반추하며 두 친구는 '사실'과 '진실'이 다르다는 것을 깨닫게 된다. 삶의 유일하고 참된 '진실'은 운명적인 사건의 단편적인 '사실'들이 아니라, 오직 삶 전체로 묻고 대답할 수밖에 없는 것임을 헨릭과 콘라드는 인생의 전부를 대가로 치르고 나서야 알게 되었다.

"(……) 우리가 과연 우리의 영리함, 오만, 자만심으로 무엇을 얻었는가 하는 것일세. 우리 삶의 진실한 내용은 죽은 여인을 향한 이 고통스러운 그리움이 아닐까. (……) 우리 존재의 밑바닥에서, 우리가 하는 모든 행위의 의미는 우리를 누군가에게 묶는 결합에 있지 않을까. 결합이든 정열이든 그것은 자네가 원하는 대로 부르게. (……) 어느 날 우리의 심장, 영혼, 육신으로 뚫고 들어와서 꺼질 줄 모르고 영원히 불타오르는 정열에 우리 삶의 의미가 있다고 자네도 생각하나? 무슨 일이 일어날지라도? 그것을 체험했다면, 우리는 헛산 것이 아니겠지? 정열은 그렇게 심오하고 잔인하고 웅장하고 비인간적인가? 그것은 사람이 아닌 그리움을 향해서만도 불타오를 수 있을까? 이것이 질문일세. 아니면 선하든 악하든 신비스러운 어느 한 사람만을 향해서, 언제나 그리고 영원히 정열적일 수 있을까? 우리를 상대방에 결합시키는 정열의 강도는 그 사람의 특성이나 행위와는 관계가 없는 것일까? 할 수 있으면 대답해주게."

산도르 마라이가 스스로 생을 마감한 것은 조국을 떠난 지 41년째가 되는 해였다. 《열정》의 헨릭과 콘라드가 다시 재회하게 된 것도 41년 만이었다. 여러 언어를 자유롭게 구사했으면서도 지구상의 천만 명 정도가 사용하는 헝가리어로 소설 쓰기를 고집한 산도르 마라이는 진정한 소설가였다. 그는 삶의 유일하고 참된 진실을 알았고, 자신의 삶의 전체로 그것에 묻고 답했다.

하여 인생의 어느 밤, 산도르 마라이를 읽을 수 있다는 것은 분명 축복이다.

2006년 8월 18일

산도르 마라이, 《열정》

미미한 균열을 옹호함
크리스티나 페리 로시, ≪쓸모없는 노력의 박물관≫

책의 연인

낯설지만 부정할 수 없는 순간들이 존재한다. 이성이나 논리로는 설명할 수 없는 순간, 경험이나 의지만으로는 판단할 수 없는 순간 — 그러나 그러한순간이 꼭 서창하고 강렬한 것만은 아니다. 오히려 많은 경우 그러한순간은 하찮고 미약하고 야릇하다. 미세한 변화에 주위가 환기되고 흐름이 뒤바뀌고 감각이 동요한다. 마치 다른 차원으로 가는 입구를 우연히 발견한 것 같은 순간이 우리를 찾아온다. 말하자면 그것은 '미미한 균열'의 순간이다. 바야흐로 치명적인 것이 시작되는 순간이다.

이러한 이야기는 어떤가. 마치 달리기 위해 태어난 사람처럼 세계 신기록을 향해 경이로운 질주를 펼치고 있는 장거리 육상 주자. 레이스의 삼분의 이를 소화한 열여섯 바퀴째에도 그의 힘찬 발걸음은 흔들림이 없다. 강인한 체력과 끈기와 집중력. 그는 다른 주자들을 일찌감치 따돌리고 홀로 결승점을 향해 달려가고 있다. 기록의 갱신과 우승의 영광이 눈앞에 있다. 그의 코치도, 경기를 중계하는 아나운서도, 수많은 관중도 모두 그의 유연하고 아름다운 질주에 환호한다. 그러나 결승점을 얼마 앞두지 않고 주자는 문득 "멈추어 서고 싶은 욕망"을 느낀다. 이성이나 논리로는 설명할 수 없는, 다른 차원으로 가는 입구, 미미한 균열의 순간이 그에게 찾아온 것이다. 주자는 쓰러진다. 사람들은 그가 레이스를 잘못 계산한 것이라고, 불행하게도 부상을 당한 것이라고 생각한다. 그러나 아니다. 영원히 달릴 수 있을 것처럼 달리고 있던 그는 그저 달리기를 멈추고 하늘을 올려다보고 싶은 욕망을 느꼈을 뿐이다.

천천히 바닥을 향해 미끄러지며 머리를 들자, 아, 키 큰 나무들과 청

크리스티나 페리 로시, 《쓸모없는 노력의 박물관》

명한 하늘과 느릿한 구름, 꼬여있는 나무줄기들과 나뭇잎들이 움직이고, 눈을 들어 그는 조화로운 새들의 움직임을 음미한다. 주위에선 아우성이 들려오지만 그는 듣지 않는다. 분명 원망과 모욕일 테지. 좌절한 그의 코치는 짧은 경주복을 입은 다른 주자들이 지나가는 것을 볼 테고, 몇 명의 주자는 눈에 띄게 숨을 헐떡이며 코치는 옆구리에 손을 가져다놓는다. 아, 너는 끝내지 못하는구나, 너는 마무리 짓지 못하는구나, 하지만 저 위에선 어느 누구도 감지하지 못하는 기묘한 공기 속에서 나무들이 흔들리고, 지금 금발의 선수는 경련과 통증을 겪는다. 내가 저 새를 본 적이 있던가? 아나운서는 이 믿을 수 없는 사건을 보고하고, 그의 속도는 빛처럼 일정했지만 멈추어 서고 싶은 욕망을 느꼈다. 그리고 그는 눈을 들어 하늘을 바라보았다.

<장거리 주자 멈추어 서다>라는 제목의 짧은 소설은 그렇게 끝난다.

크리스티나 페리 로시(1941-)는 우루과이 출신의 여성 작가로 군부독재의 탄압을 피해 스페인으로 망명한 후, 바르셀로나에서 활동하며 현대 라틴아메리카 문학을 대표하는 소설가의 한 사람으로 자리매김했다. 그녀는 '여성, 망명 작가, 동성애자, 좌파'라는 자신의 정체성

을 소설 속에 직접적으로 드러내지 않는다. 대신 페리 로시가 구체적으로 표현하고 있는 것은 '현대인의 부조리한 삶의 편린'이다. 30편의 짧은 소설들이 담긴 ≪쓸모없는 노력의 박물관≫은 국내에 유일하게 발간된 페리 로시의 단행본이다. 그녀의 작품들은 공허와 소외가 지배하는 일상 속에서 회의하고 분열하는 인간의 모습을 독특하고 상징적인 구조와 간결하고 유려한 문장을 통해 보여 준다.

<틈>이라는 단편 역시 앞서 말한 미미한 균열의 순간으로부터 시작된다. 지하철 계단을 오르던 한 남자가 문득 멈칫거린다. 남자는 순간 자신의 행위를 전혀 이해할 수 없다. 모든 의미와 목적이 갑자기 실종된다. 자신이 무엇 때문에 걷고 있는지 어디를 향해 걷고 있는지, 계단을 올라가고 있던 중인지 내려가고 있던 중인지도 알 수가 없다. 그러나 이 사소한 망설임은 심각한 소요를 불러일으킨다. 바쁘게 계단을 오르내리던 수많은 사람들이 남자의 멈칫거림으로 충돌을 일으켜 일대는 아수라장이 된다. 남자는 공공질서를 교란한 죄로 체포되어 심문을 받지만 자신의 무죄를 증명할 수가 없다. 심문을 받는 동안 그는 벽에 생긴 작은 틈을 발견한다. 남자 외에는 아무도 그것을 알아볼 수 없다. 틈은 조금씩 균열을 일으키며 점점 더 커져 간다.
이성이나 논리로는 설명할 수 없는, 그러나 분명히 존재하는 미미

크리스티나 페리 로시, ≪쓸모없는 노력의 박물관≫

한 균열의 순간이 바로 '인간의 순간'이다. 니체식으로 말해 "인간적인, 너무나 인간적인" 순간인 것이다. 현대사회는 이성과 논리를 바탕으로 한 확고한 질서 속에서 움직이고 있다. 아무도 그 시스템 자체를 전복시킬 수는 없다. 그러나 그러한 시스템 안에서 살아가는 인간은 시스템만으로 설명할 수 없는 존재다. 그러므로 균열이 발생하는 것이다. 인간은 합리적인 존재지만 한편으로는 부조리하고 기괴하고 무모하고 엉뚱하고 모호한 존재이기도 하다. 인간은 미미하지만 치명적인 균열을 통해 자신이 인간임을 느끼고 확인한다. 그것이 우리가 미미한 균열을 옹호해야 하는 이유다.

표제작 <쓸모없는 노력의 박물관>은 그러한 진실을 극명하게 보여 주는 작품이다. 페리 로시는 세상 어딘가에 '쓸모없는 노력의 박물관'이 존재하고, 거기에 쓸모없는 노력을 수집하고 기록하고 관리하는 사람들과 쓸모없는 노력을 열람하는 사람들이 존재한다고 상상한다.

'쓸모없는 노력의 박물관'에 가면, 각기 다른 기구를 장착하고 일곱 번이나 날기를 시도한 남자와 불멸하기를 원했던 여자와 한 여자의 마음을 얻기 위해 이십 년이 넘는 시간을 쏟아 부은 남자의 쓸모없는 노력에 대한 기록을 찾아볼 수 있다. 또 눈을 잘못 맞아 시력을 잃을 때까지 다섯 번이나 타이틀을 되찾으려 했던 권투선수와 현기중이 심해 아래를 내려다볼 수 없는 곡예사와 자신을 치료해 줄 의사를 찾아 방방곡곡을 떠돌아다닌 난쟁이의 쓸모없는 노력에 대해서도 살펴볼 수 있다. 물론 '쓸모없는 노력의 박물관'에는 나와 당신, 우리 모두가 심혈을 기울였던 그 수많은 쓸모없는 노력들 역시 빠짐없이 보관되어 있다.

쓸모없는 노력은 그저 쓸모없는 노력일 뿐이다. 그러나 쓸모 있는 노력만으로 일생을 보낸 인간은 아무도 없다. 쓸모 있는 노력만으로는 결코 인간의 본질에 다가갈 수 없다. 하여 《쓸모없는 노력의 박물관》이란 책을 읽음으로 우리가 발견하게 될 경이롭고 황홀한 쓸모 있음에 대해 굳이 말하려 한다는 것은 쓸모없는 노력에 지나지 않을지 모른다.

2006년 10월 2일

크리스티나 페리 로시, 《쓸모없는 노력의 박물관》

산전수전 공중전
로알드 달, 《맛》

소설가라는 직업의 특성상 가끔, 아니 사실은 자주, '체험과 창작'의 관계에 대해 생각해 보곤 한다. 창작이 직업인 사람, 특히 소설가의 경우 체험이란 말 그대로 '장사밑천'이다. 많든 적든 간에 상사에는 반드시 밑천이 필요한 것처럼, '꾸며낸 이야기'란 전제 조건에도 불구하고 작가의 체험은 그대로든 또 뼈와 살을 붙여서든 소설 속에 반영되기 마련이다. 물론 그것을 어디에, 어떻게, 얼마큼 집어넣는가 하는 것은 아무도 알 수 없는 일이다. 정작 소설가 자신조차 알 수 없는 일이다. 백 퍼센트 마음먹은 대로 쓸 수 있는 글이란 존재하지 않기 때문이다. 그럼 신만이 아실 일이다? 그것도 알 수 없는 일이다.

잘 알려진 대로, 미국의 소설가 어니스트 헤밍웨이는 1차 세계대전과 스페인 내전에 참전하여 누구보다도 생생히 전쟁의 참상을 목격했다. 그는 그 경험을 바탕으로 《무기여 잘 있거라》 《누구를 위하여 종을 울리나》 등의 소설을 썼다. 자신의 직접적인 체험을 소설 속에 담아내어 '전쟁문학'의 걸작을 탄생시킨 것이다. 《백경》으로 유명한 소설가 허먼 멜빌 역시 실제 선원이었던 자신의 이력을 소설을 통해 드러낸다. 작가는 포경선의 선원으로 남태평양을 누빈 경험을 바탕으로 흰 고래를 쫓는 한 인간의 광기 어린 집념과 거친 선상 생활에서의 모험을 그야말로 실감나게 묘사했다.

물론 밑천이 두둑할수록 장사에 성공할 확률은 높아진다. 보고 듣고 겪은 것이 많은 작가라면 재미있게 풀어낼 이야깃거리도 그만큼 많아진다는 얘기가 된다. 그러나 두둑한 밑천이 성공적인 장사를 절대적으로 보장하는 것은 아니듯이, 경험이 많은 사람이라고 해서 누구나 다 소설을 쓸 수 있고, 또 잘 쓸 수 있는 것은 결코 아니다.

'체험과 창작'의 함수 관계는 얼핏 비례하는 것 같지만 반드시 그렇다고만은 할 수 없다. 그것은 굉장히 복잡 미묘한 문제다. 영화로 만

로알드 달, 《맛》

들어져 더욱 유명해진 소설 《반지의 제왕》은 그야말로 완벽한 허구의 세계에서 펼쳐지는 환상적인 이야기다. 영국의 작가 J. R. R. 톨킨이 만들어 낸 그 방대한 상상력의 우주 속에서 작가 개인의 실질적인 체험을 짐작해 내기란 쉬운 일이 아니다. 어쩌면 그것은 무의미한 일일지도 모른다.

반드시 작가가 직접 전쟁을 겪어야만 전쟁 이야기를 쓸 수 있는 것일까? 남자인 작가가 임신과 출산의 경험을 소설 속에서 여자 화자의 입장으로 묘사한다면? 연쇄 살인범의 생애를 소설로 형상화시키려면 작가는 어떠한 경험들을 해야 하는가? 요컨대, 문제는 '그 작가가 무슨 경험을 했는가'라기보다는, '그 경험이 그 작가에게 어떤 의미가 되었나'인 것이다. 좀 더 광범위하게 말하자면, '한 인간은 어떠한 경험으로 인해 그 전과는 다른 인간이 되는가' 혹은 '왜 같은 경험을 해도 인간은 각기 다르게 반응하는가'라는 관점으로 문제에 접근해야 한다는 것이다.

로알드 달(1916-1990)은 《찰리와 초콜릿 공장》 《제임스와 슈퍼 복숭아》 《마틸다》 등의 세계적인 베스트셀러 동화로 유명한 아동문학가이자, '반전과 블랙 유머의 귀재' '20세기 최고의 이야기꾼' 등으로 불리는 영국 출신의 소설가다. 그는 작가 인생 전반부 15년간 줄곧

기발하고 재미있는 단편들을 발표해 주목받았다. 그러나 결혼해 가정을 꾸린 뒤 자신의 아이들에게 읽어 줄 동화를 자신의 손으로 써 보고 싶다는 소박한 바람으로 동화 창작을 시작하여 말년에 이르기까지 세계적으로 어린이들에게 가장 사랑을 받는 작가 중 한 사람이 되었다.

　로알드 달은 또래의 다른 아이들과 마찬가지로 '재미있는 이야기'를 좋아했을 뿐, 소설가를 꿈꾸던 소년은 아니었다고 한다. 그는 학교를 졸업한 뒤 석유 회사에서 근무하였고, 그 일을 계기로 여러 나라를 여행하게 된다. 그러던 중 2차 세계대전이 발발하고, 로알드 달은 영국 공군에 지원하여 전투기 조종사로 참전한다. 이후 미국으로 건너가 조종사 생활을 마친 뒤 우연히 기고한 글이 주목을 받게 되면서 소설가의 길을 걷게 되었다. 그는 "나는 내가 소설을 쓸 수 있다는 것을 알게 된 후 소설을 쓰기 시작했다"라고 말했다.

　그의 이런 특이한 이력은 앞서 말한 대로 그가 '장사밑천'이 두둑한 작가임을 충분히 짐작하게 한다. 그는 2차 대전 당시 북아프리카에서 전투기를 조종하던 중 격추되어 죽을 고비를 넘기는 등, 과연 '산전수전'을 넘어 '공중전'까지 겪은 화려한 경험의 소유자인 것이다.

　그런데 우리는 전투기 조종사였던 또 한 명의 작가를 알고 있다. 바로 《어린 왕자》의 생 텍쥐베리다. 프랑스인이었던 그 역시 2차 세계

로알드 달, 《맛》

대전에 전투기 조종사로 참전한다. 사막 한가운데 불시착했던 경험을 생 텍쥐베리 역시 가지고 있으며, 그러한 경험이 그의 여러 작품 속에 반영되어 있음을 우리는 잘 알고 있다.

로알드 달과 생 텍쥐베리. '불시착 경험이 있는 2차 대전 전투기 조종사 출신' 작가라는 그야말로 특이하면서도 공통된 체험을 가지고 있는 그 둘은, 알다시피 '전혀'라고 해도 좋을 만큼 개성이 각기 다른 작가들이다. 역시 작가에게 있어서 중요한 것은 무슨 체험을, 얼마나 희한한 체험을 했는가가 아닌 것이다. 그 체험을 자기 안에서 어떻게 소화하는가, 그것이 자기 안에서 어떤 화학반응을 일으켜 하나의 작품으로 탄생하는가, 하는 것이 관건인 것이다. 어쨌든 '체험과 창작'의 관계는 생각하면 생각할수록 분명 신비하기까지 한 일이다.

로알드 달의 《맛》은 한마디로 그가 확실한 '프로'임을 보여 주는 그의 단편 걸작집이다. 그는 감탄할 수밖에 없는 뛰어난 작가적 솜씨로 자신이 '이야기의 귀재'임을 마음껏 뽐낸다. 이 책에 실려 있는 10편의 단편들은 하나같이 추악하고 우스꽝스러운 인간의 이중성, 어리석은 욕망과 집착의 허무한 말로 등의 메시지를 작가 특유의 위트와 유머로 포장하여 '맛깔스럽게' 독자의 입맛을 사로잡는다. 또한 뒤통수를 얻어맞은 것 같은 쇼킹한 결말과 무릎을 치게 만드는 극적 반전 역시 확실한 '재미'를 원하는 독자를 실망시키지 않을 것이다.

  각 소설에 등장하는 거만한 플레이보이, 허풍선이 가구상, 탐욕스러운 미식가, 광적인 내기꾼 등의 모습은 작가 로알드 달이 어떤 경험을 통해 어떤 과정을 거쳐 만들어 낸 인물인지 호기심과 궁금증을 자아낸다.

  이래저래 작가 로알드 달이 '선수'였던 것만은 확실한 것 같다.

2005년 11월 21일

로알드 달, 《맛》

당신이 눈과 얼음에 대해 뭔가 알고 싶다면
페터 회, «스밀라의 눈에 대한 감각»

책의 연인

어린 시절, 새 학기를 앞두고 새 교과서를 받으면 그중 사회과부도를 펼쳐 놓고 공상에 빠지길 유난히 좋아했다. 한참이나 세계지도를 들여다보며 멀고 먼 곳, 내가 가 보지 못한 장소의 낯설고 이국적인 이름을 발음해 보던 일. 그곳의 기후와 풍경, 그곳에 살고 있는 사람들의 모습과 삶을 상상하는 일은 그곳이 단지 '지금, 여기'가 아니라는 이유만으로도 충분히 매력적인 일이었다.

그때 지도의 어느 귀퉁이에서 찾아냈던 그린란드를 기억한다. 'Green land'라는 이름과 달리 그곳이 눈과 얼음으로 뒤덮인 땅덩어리라는 사실을 그때는 알지 못했다. 그린란드라는 이름 옆에는 '(덴)'이라는 글자가 함께 인쇄되어 있었다. 그린란드는 어떻게 덴마크의 땅이 되었을까. 지도 위 태평양이나 대서양의 몇몇 작은 섬에서도 그런 표시들을 찾을 수 있었다. 대부분이 (미) (영) (프)라는 글자였다. 나는 따뜻한 방바닥에 배를 깔고 누워 그린란드를 상상했다. 북극에 가까운, 더없이 드넓고 고요한, 너무도 춥고 황량한, 덴마크 사람들은 그곳에 참으로 역설적인 이름을 붙인 것이다.

사회과부도의 책장을 넘기며 공상에 잠기던 때로부터 많은 시간이 흘렀다. 나는 그때와 마찬가지로 여전히 덴마크에도, 그린란드에도 가보지 못했다. 하지만 지금 덴마크와 그린란드는 내게 있어 그 시절보다 훨씬 각별한 곳이 되어 있다. 페터 회(1957-)의 소설 《스밀라의 눈에 대한 감각》을 읽었기 때문이다.

소설이란 그런 것이다. 김승옥의 <무진기행>을 읽고 무진에 가 보고 싶다는 생각을 했다는 것. 그러나 무진이 실제로는 존재하지 않는 곳이라는 것. 그 사실을 알았을 때의 야릇하고 기묘한 기분. 특별하고 매력적인 힘을 가진 소설은 그 배경이 되는 공간과 도시를 ─ 우리가 직접 가 본 적이 없다 하더라도 ─ 잊을 수 없는 곳으로 만든다. 복잡

페터 회, 《스밀라의 눈에 대한 감각》

한 뉴욕의 거리를 오가는 수많은 인파 속에서 왠지 폴 오스터 소설의 주인공들을 가려낼 수 있을 것 같은 예감. 우리는 제임스 조이스를 빼놓고 더블린을 얘기할 수 없고, 프란츠 카프카가 없는 프라하를 상상할 수 없다.

스밀라 야스페르센. 그녀는 덴마크 코펜하겐과 눈의 황무지인 그린란드를 우리에게 특별한 공간으로 각인시킨다. 우리는 그녀와 함께 그곳으로 간다.

박하차를 마실 시간이다. 도시를 내려다볼 시간. 나는 창문 쪽으로 몸을 돌렸다. 나는 언제나 등을 돌리고 있는 동안 눈이 내리기 시작했을지 모른다는 바람을 갖고 있다.

다시 등을 돌렸을 때 내리는 눈을 바라보고 싶은 여자. 스밀라는 특별하다. 그린란드인 어머니와 덴마크인 아버지 사이에서 태어난 혼혈인. 어린 시절을 그린란드에서 보내고 어머니의 죽음 이후 아버지의 손에 이끌려 덴마크에서 성장한 이력. 그녀는 추위와 고독과 과학의 세계 속에서 자신을 만들어 나간다. 그녀와 함께 극지방 연구에 참가했던 연구원들은 보고서에 "얼음에 대해, 눈에 대해 뭔가 알고 싶다면 스밀라 야스페르센에게 문의할 것"이라고 적어 놓았다. 그녀는 경계의 삶과 운명을 산다. 때로는 거칠게 저항하며, 때로는 기꺼이 끌어안으며. 그녀의 몸속에는 야생 이누이트인과 서구 문명인의 피가 동시에 흐르고 있다. 그녀는 야생의 방식과 문명의 방식 모두를 알고 있다. 그 사이에서 스밀라는 자신만의 방식을 끝없이 찾아 헤맨다.

나는 사람들이 진정으로 냉담해질 수 있다고 믿지 않았다. 긴장할 수는 있겠지만 냉담해질 수는 없다. 삶의 본질은 온기다. 심지어 증오조차도 자연적 목표물 위로 풀려났을 때는 따뜻해진다.

최악의 것은 분노가 아니다. 최악의 것은 분노 뒤에 있는 욕망이다. 순수한 감정으로 사는 것은 가능하다. 진정으로 내가 두려워하는 것은 그에게 매달리고 싶은 나의 비밀스러운 갈망이다.

오랜 시간을 기다려야만 한다면, 기다리면서도 자제할 줄 알아야 한다. 그렇지 않으면 기다림은 파괴적으로 변한다. 사물들이 미끄러지게 놓아두면, 의식이 동요하기 시작하고 공포와 불안을 깨운다. 우울이 닥쳐오고 자멸하게 된다.

지금 이 순간, 내가 어린아이였던 시절 이래로 그랬던 것보다 훨씬,

페터 회, 《스밀라의 눈에 대한 감각》

선택의 자유라는 것은 단지 환상이라는 사실이 더 명확해졌다. 인생은 우리가 한 번도 해결하지 못했던, 쓰디쓰고 본의 아니게 우스꽝스러우며 반복적인 갈등으로 우리를 이끌어간다는 사실도.

슬픔을 달래줄 수 있는 말은 거의 없다. 말은 어떤 일이 되었건 해줄 수 있는 일이 거의 없다. 그렇지만 그 외에 우리에게 있는 게 뭐란 말인가?

코펜하겐, 눈과 얼음의 나날. 스밀라는 이웃의 한 소년, 자신처럼 몸속에 이누이트의 피가 흐르는 어린 이사야를 사랑하게 된다. 자연사박물관에서 그들은 함께 4만 년 전 살았던 물개와 들소에 대해 얘기한다.

"스밀라가 죽으면 내가 스밀라 가죽을 가져도 돼?"
"좋아."

둘은 마음 깊이 서로의 영혼을 느낀다. 둘은 눈과 얼음을 통해 인간과 우주를 꿰뚫어 볼 수 있음을 믿는다. 그렇기에 스밀라는 눈 쌓인 지붕 위에서 추락사한 이사야의 죽음에 어둡고 부조리한 음모가 숨겨져 있음을 직감한다. 눈은 더럽혀졌다. 하지만 다시 얼음처럼 냉정해져야 한다. 이사야의 죽음을 둘러싼 미스터리를 풀기 위해 스밀라는 모험을 감행한다. 하여 이 소설은 지구상에 존재하는 가장 독특한 추리 소설 중의 한 편이 된다.

다시 어린 시절처럼 그린란드의 지도를 들여다본다. 지도 위에 눈과 얼음이 쌓여 있는 것만 같다. 스밀라가 가진 감각을 빌려 나는 그린란드를 느껴 본다. 아주 조금은 이해할 수 있을 것 같은 기분이 된다.

이 소설을 처음 알게 된 것은 아주 무더웠던 여름날이었다. 지금 이 글을 쓰고 있는 창밖에는 차가운 눈이 녹지 않은 채 쌓여 있다. 그 사이에 내겐, 스밀라에게처럼, 다른 많은 사람들에게처럼, 소설처럼 많은 일들이 일어났다. 결론? 눈이 내리고 내린 눈은 서울에서는 녹아 사라지고, 그린란드에서는 녹아 사라지지 않을 것이다.

'우리에게 말해 줘'라고 사람들은 내게 와서 말할 것이다. '그래야 우리가 문제를 이해하고 끝맺을 수 있잖아'라고. 사람들은 잘못 생각하고 있다. 우리가 끝맺을 수 있는 것은 우리가 이해할 수 없는 것들뿐이다. 결코 결론이란 존재하지 않는다.

2007년 1월 18일

페터 회, 《스밀라의 눈에 대한 감각》

그녀들의 슬프고도 아름다운 미소
도리스 되리, 《나 이뻐?》

영화 <파니 핑크> 얘기를 안 할 수 없겠다. "서른을 넘긴 노처녀가 괜찮은 남자를 만나기란 거리에서 원자폭탄을 맞는 것보다 더 어려운 일이다"라는 주인공 파니 핑크의 자조적인 독백으로 시작되는 이 독일 영화의 원제는 <아무도 날 사랑하지 않아(Keiner liebt mich)>이다. 영화를 보지 않은 사람들은 그것만으로 <브리짓 존스의 일기> 풍의 '노처녀의 좌충우돌 연애 편력기'쯤을 예상하겠지만, <파니 핑크>에는 분명 그 이상의 무언가가 있다.

공항 검색대의 직원, 채식주의자, 죽음에 대한 강박관념과 사랑에 대한 콤플렉스로 하루하루를 살아가는 서른 살의 파니 핑크. 그녀는 우리 모두처럼 언뜻 평범해 보이지만 결코 평범하지만은 않은 인물이다. 그녀가 자신의 외로운 처지와 공허한 일상을 견디지 못하는 데는 이유가 있다. 인생에 좀처럼 무감각해질 수 없기 때문이다. 삶의 의미를 묻는 것을, 진정한 사랑을 찾는 것을 결코 포기할 수 없기 때문이다. 파니 핑크는 브리짓 존스보다 훨씬 더 실존적이며 예민한 자의식을 가졌다.

무엇보다 기억에 남는 것은 역시 프랑스 여가수 에디트 피아프의 샹송 '아니, 난 아무 것도 후회하지 않아(Non, Je Ne Regrette Rien)'가 흐르던 장면이다. 우연히 만나 파니와 남다른 우정을 맺게 된 오르페오는 흑인이자 게이이자 얼치기 점성술사다. 그는 파니 이상으로 별난 괴짜지만 서로의 고민에 공감하며 파니와 진실하고 소중한 교감을 나눈다. 파니의 외로운 생일, 어둠 속에서 해골 분장을 한 오르페오가 촛불이 가득 꽂힌 케이크를 들고 파니 앞에 나타난다. 에디트 피아프가 당당한 목소리로 외치듯 노래한다. 난 아무 것도 후회하지 않아. 파니와 오르페오는 서로를 향해 활짝 웃어 보인다. 파니의 고민과 문제가 완전히 해결된 것은 물론 아니다. 다만 그녀는 인생의 어느 한순간

도리스 되리, 《나 이뻐?》

온전히 아름다운 미소를 지을 수 있게 된 것이다.

<파니 핑크>는 본격적인 예술 영화도 대중적인 상업 영화도 아니다. 그러나 더없이 진지하면서도 더없이 사랑스러운 영화다. 그래서 《나 이뻐?》라는 단편 소설집이 <파니 핑크>의 감독 도리스 되리(1955-)에 의해 쓰였다는 사실을 알았을 때, '아, 그럼 꼭 읽어봐야지'라는 마음이 들었던 건 예의 '더없이 진지하면서도 더없이 사랑스러움'에 대한 기대 때문이었을 것이다.

여러 편의 영화와 다큐멘터리를 연출한 도리스 되리는 소설가로도 확고히 자리매김하고 있는 독일의 대표적인 여성 예술가다. 소설 외에 희곡과 동화를 집필하는 등 현재 영화와 문학을 넘나들며 활발히 활동하고 있다.

《나 이뻐?》에는 '더없이 진지하면서도 더없이 사랑스러운' 짧은 소설 17편이 실려 있다. 하나하나 작은 보석처럼 반짝이는 수작들이다. 그런데 소설 속에서 예의 진지함과 사랑스러움은 욕망과 좌절이라는 울타리에 겹겹 둘러싸여 있는 형국이다. 도리스 되리는 독자로 하여금 주인공들을 감싸고 있는 욕망과 좌절의 막을 하나하나 벗겨 내게 만든다.

대부분이 여성인 소설 속 인물들은 크게 두 부류로 나뉜다. 지독한 권태에 사로잡혀 있거나 숨겨진 허영과 속물근성에 갈등하는 중년의 중산층 여성, 혹은 손아귀에 넣을 수 없는 물질적 풍요와 삶과 사랑에 대한 환상으로 불안정한 나날을 보내고 있는 나약하고 충동적인 젊은 여성. 얼핏 도식적으로 느껴지는 이와 같은 설정은 그러나 독자에게 생생하고 절박한 공감을 얻어 낸다. 뒤틀린 욕망과 그로 인한 쓰디쓴 좌절은 생의 어느 날 우리 모두가 경험하는 것들이기 때문이다.

호텔 방값 역시 내가 지불한 것이다. 그는 빈털터리니까. 그는 아직 학생이다. 이 어리고 미숙한 아이에게 끌리는 이유는 무엇일까? 나는 차림표 뒷면에 그렇게 썼다. 나는 절망스럽다. 그리고 행복하다. 나는 얼굴 가득 환하게 웃는다. 동시에 나는 흐느낀다. 정말 끔찍한 상태이다. 그러면서도 나는 곧 이 관계도 끝날 거라는 불안감에 온몸을 떤다. 아니, 나는 어서 빨리 이 관계가 끝나기를 원한다. 끝나야 한다. 그와의 관계가 시작되기 전처럼 다시 흠잡을 데 없는 사람이 되고 싶다.

그녀들의 인생이 절체절명의 위기에 처한 것은 아니다. 돌이킬 수 없는 나락에 빠졌다거나 막말로 '끝장이 났다'고는 더욱 할 수 없다. 그럼에도 그녀들은 폭발 일보 직전의 상태다. 아슬아슬한 외줄 타기를 하는 것 같은 위태로움이 그녀들의 삶을 지배한다. 그녀들의 위태

도리스 되리, 《나 이뻐?》

로움이 문제가 되는 것은 발을 헛디뎌 밑으로 추락할지도 모른다는 위험 때문이 아니라, 이 아슬아슬한 외줄 타기가 영원히 끝나지 않을 것 같다는 불길한 예감 때문이다. 끝없는 지리멸렬함 — 그것은 한순간의 파멸보다 더욱 끔찍한 것일 수 있다.

"부부간의 증오…… 그게 어떤 건지 알아요? 그건 아주 특별한 종류의 증오예요. 결혼하지 않은 사람은 절대로 이해할 수 없는 그런 감정이죠. 난 부부 사이에서 왜 살인이 일어나는지, 충분히 이해해요. 오히려 더 자주 그런 일이 일어나지 않는 게 신기할 뿐이에요. 하지만 정작 문제는 상대방을 죽이고 싶다는 생각 따위가 아니에요. 가장 끔찍한 건, 그런 살해욕을 느끼고 나서 또 금세 새로 구입할 자동차의 색깔에 관한 얘기를 나누고, 아이들과 다투고, 함께 잠을 자고, 뭐 먹고 싶냐고 묻고 하는…… 그런 상황이에요. 그런 일관성 없는 생각과 행동, 그건 정말 못 참겠어요. 정말 끔찍해요."

그녀들은 덧붙여 말한다.

"사람들이 화해를 하는 건 더 이상 그 사람이 밉지 않아서가 아니에요. 오히려 미워하는 것이 너무나 피곤해서죠. 그렇지 않다곤 말하지 마세요."

　도리스 되리의 주인공들은 한결같이 '변화'를 원한다. 지금과는 다른 상황, 지금과는 다른 시간과 장소에 자신이 놓여 있기를 바란다. 그러나 그녀들이 만족할 만한 전복적인 상황은 일어나지 않는다. '범사에 감사하고 현실에 만족하라'도 정답이 될 수는 없다. 그럴 때 바로 자신만의 '미소'가 필요하다. 촛불이 타오르는 케이크를 들고 서 있는 자신의 친구를 향해 진심으로 지어 보였던 파니 핑크의 환한 미소가.

　오늘은 특별한 날이다. 나는 담홍색 세무로 만든 하이힐을 신고 있다. 그를 위해 산 구두였다. 그는 내가 하이힐을 신는 것을 좋아했다. 특히 빨간색 하이힐을, 그는 빨간색 하이힐을 '죽이는 신발(fuck-me-shoes)'이라고 불렀다. 나는 이제 몹시 의기소침해질 때만 빨간색 하이힐을 신는다. 그런 구두를 신고 있으면 허리를 펴고 걸을 수밖에 없고, 그러면 삶을 정면으로 바라보게 된다.

2007년 2월 13일

도리스 되리, 《나 이뻐?》

깊고 무거운 하루키
무라카미 하루키, ≪태엽 감는 새≫

책의 연인

어느 소설가의 서글픈 결론에 따르면 "누군가를 안다는 것은 결국 잘못 안다는 것"이라고 한다. 누군가에 대한 이해가 늘었다는 것은 한편으로 그에 대한 오해 역시 늘었다는 것을 의미할 수 있기 때문이다. 우리는 삶의 경험들을 통해 이미 그 사실을 잘 알고 있다. 대상에 대한 깊은 애정과 관심이 있다 해도, 역시 '오해'하기는 쉽지만 '이해'하기는 참으로 어렵다. 가까운 사람일수록, 잘 알고 있다고 생각되는 사람일수록 오해하게 될 가능성도 그만큼 높아진다. 누군가를, 무언가를 완전하게 이해하기란 어쩌면 불가능에 가까운 일일지 모른다. 하물며 인간은 종종 '나도 내 자신을 이해할 수가 없어!' 하고 개탄하기까지 한다.

편견과 선입견 없이, 갈등과 모순 없이, 오해를 넘어 이해에 다다를 수는 없는 걸까. 영화 <흐르는 강물처럼>의 늙은 아버지는 깊이 사랑했지만 제대로 이해할 수 없었던 젊은 아들을 잃고 난 후 다음과 같이 서글프게 읊조린다. "완벽한 이해가 없어도 온전한 사랑은 가능하다." 이해는 사랑보다 더 어렵고 힘든 일인 것이다. 그럼에도 우리가 이해에 대한 희망을 버리지 못하는 것은 역시 또 사랑 때문일 것이다.

소설을 잘 읽지 않는 사람이라 해도 무라카미 하루키(1949-)라는 이름은 한 번쯤 들어 봤을 것이다. 그는 명실 공히 한국에서 가장 많은 책을 판 일본 작가다. 지난 90년대 이래 하루키의 소설을 읽는 것은 단순한 유행 이상의 일이었다. 그의 작품들은 '무라카미 신드롬'으로까지 불리며 베스트셀러가 되었고, 특히 젊은 세대에게 많은 사랑을 받았다. 현대적이고 도시적인 감수성으로 대변되는 하루키의 소설은 새로운 세대의 문화를 상징하는 하나의 아이콘이 되었다.

그러나 한편, 무라카미 하루키만큼이나 선입견과 편견에 겹겹 둘

무라카미 하루키, 《태엽 감는 새》

러싸여 있는 작가도 찾아보기 힘들다. 적어도 대한민국에서는 그렇다. 하루키는 베스트셀러 작가로서의 유명세만큼이나 제대로 이해받지 못하고 있는 것으로도 무척 유명하다고 하겠다. 하루키가 논해지는 자리에서 나오는 얘기들은 대부분 매우 피상적인 것들이다. 많은 사람들이 그의 소설에 대한 객관적인 감상이나 평가 대신 '요즘 애들은 왜들 그렇게 하루키, 하루키 하는 거야?' '도대체 뭐가 그렇게 좋다는 거야?' 하는 호기심과 의구심을 해결하기 위해 그의 소설을 읽기 때문이다. 작품을 작품으로만 대하지 않는 이러한 태도는 작가 입장에서는 무척 억울한 일이라 할 수 있을 것이다. 하루키를 둘러싼 오해는 대략 다음과 같은 것들이다.

하루키의 작품은 지나치게 사소설(私小說)적이다, 거의 언제나 멜랑콜리하고 시니컬한 독신 남자가 주인공으로 나오는데, 그는 깊은 밤 재즈가 흐르는 도시의 고급 바(bar)에서 묘한 분위기를 풍기는 수수께끼 같은 여자와 칵테일을 홀짝거리며 선문답을 주고받거나, 제집 소파 위에서 오래된 책이나 영화를 보며 종일 빈둥거리다가 배가 고프면 혼자 스파게티나 샐러드 따위를 만들어 먹는 게 고작이다. 하루키의 소설은 그럴싸하게 세련된 척하는 포즈로 가득하다, 한마디로 가볍다, 깊이가 없다 등등…….

앞서 언급한 대로 오해는 쉽고 이해는 어렵다. 굳건한 편견과 완고

한 선입견에 대해 일일이 해명하려 드는 것은 많은 경우 무력하고 부질없는 노릇이 되기 일쑤다. 해서 무라카미 하루키를 그 정도로만 생각하고 있는 사람들에게 그의 장편 소설 《태엽 감는 새(전4권)》를 권한다. 많은 사람들이 하루키 하면 《상실의 시대》를 떠올리지만, 하루키의 작품 세계를 제대로 알고 있는 사람이라면 《상실의 시대》가 어쩌면 가장 하루키답지 않은 작품이란 의견에 공감할 것이다.

《태엽 감는 새》 역시 '오해는 쉽고 이해는 어렵다'는 명제에서 출발한다. 어느 날, 주인공 '나'의 아내가 홀연히 자취를 감춘다. 그들은 6년간 함께 살며 특별한 문제나 심각한 갈등을 겪지 않은 부부였다. 그런 '나'는 아내의 부재를 당연히 납득할 수도, 받아들일 수도 없다. 사랑하는 아내를 제대로 이해하지 못하고 있었다는 자괴감은 '나'를 혼란 속에 빠뜨린다. 아내의 가출을 시작으로 지극히 평범한 삶을 살고 있던 '나'에게 낯설고 기묘한 일들이 차례로 일어난다. '나'는 목매어 죽은 자들의 사연을 간직한 동네의 폐가와 그 폐가 주위를 서성대는 문제아 소녀, 그리고 그 폐가 깊숙한 곳에 숨겨져 있던 말라 버린 우물의 존재에 대해 알게 된다. 신비한 예지 능력을 가진 자매가 등장해 부조리한 상황들을 전개시키고, '나'는 위험하고 비밀스러운 힘을 지니고 있는 아내의 오빠와 비현실적인 공간을 배경으로 대립하게 된

무라카미 하루키, 《태엽 감는 새》

다. 또 2차 대전 당시 일본군으로 만주 대륙에서 비극적인 전쟁 체험을 한 노인들이 '나'에게 의미심장한 경험담을 전해 주고, '나'는 차츰 기묘하고 낯선 사건들의 주체가 되어 간다. '나'를 둘러싼 모든 것이 아내의 부재와 관련된 하나의 커다란 수수께끼가 되어 '나'에게 답을 찾을 것을 요구하는 것이다.

《태엽 감는 새》는 결코 만만하게 볼 수 있는 가벼운 작품이 아니다. 말라 버린 우물 안에 갇히는 체험, 의식으로서의 창녀, 살아 있는 사람의 가죽을 벗기는 고문, 만주 동물원에서의 동물과 포로의 학살, 오컬트적인 신비체험을 통한 고통의 치유 등 그 의미를 진지하게 되새겨 봐야만 하는 에피소드들이 소설적 긴장감을 더하며 연이어 등장한다.

하루키는 거대 담론을 정면으로 다루지 않는 듯하면서도 어떠한 개인도 자신을 둘러싼 세계와의 관계를 정립하지 않는 한 제대로 존재할 수 없음을 역설한다. 세계를 이루고 있는 복잡하고 부조리한 현상들에 모든 개인들이 어떤 식으로든 긴밀히 연결되어 있으며, 그 관계의 엉킨 실타래를 풀어나가는 것이 인생의 의미를 찾는 일임을 《태엽 감는 새》는 보여 준다.

우리나라에서는 거의 언제나 '신세대'라는 단어와 함께 사용되는 이름인 무라카미 하루키는 1949년생이다. 이미 환갑에 가까운 나이인 것이다. 그에게 특히 열광적이라 할 수 있는 한국의 젊은 독자들에게 사실 그는 아버지뻘인 셈이다. 이 점 역시 시사하는 바가 있다고 생각한다.

    오해는 쉽고 이해는 어렵다. 당신은 하루키의 무게와 깊이를 제대로 실감한 적이 있는가?

2006년 2월 23일

무라카미 하루키, 《태엽 감는 새》

사랑할 수 없다면 멸망하라
미셸 우엘벡, ≪소립자≫

독서는 연애와 같다. 세상에 존재하는 모든 책과 연애가 가능한 것은 아니겠지만, 종종 어떤 '특별한 책'과의 만남은 뜨거운 연애처럼 더없이 아프고 달콤하고 괴롭고 황홀하다. 하여, '독서가 취미'라는 말은 틀렸다. 그것은 '연애가 취미'라는 말처럼 어불성설이다. 물론 시간 때우기용 독서, 심심풀이 연애도 존재한다. 그러나 그것은 어디까지나 '평범한 독서' '시시한 연애'에 불과하다. 평범함과 시시함을 넘어 특별해진다는 것은 결코 쉬운 일이 아니다.

  누구나 다 좋은 책을 읽을 수 있고, 누구나 다 열렬한 연애를 할 수 있다는 생각은 그야말로 크나큰 착각이다. 특별한 독서와 특별한 연애를 위해서는 당연히 '특별한 능력'이 요구된다. 부지런히 리모컨을 눌러 대면 최고의 시청률을 자랑하는 인기 드라마를, 실시간 나스닥 지수를, 보아의 새 뮤직비디오를 볼 수 있다. 몇 차례 마우스를 클릭하면 지난 시즌 박찬호의 승률과 하드코어 음란사이트의 주소와 보건복지부의 출산장려정책에 대해 알 수 있다. 놀랍고 편리하고 즐거운 세상이다. 그러나 어림없다. 겨우 그 정도의 수고와 노력으로 '특별함'을 꿈꾼다는 것은 정말이지 어림도 없는 일이다. 미안하지만 그렇다.

  여기, 특별한 소설책 한 권이 있다. 제목은 《소립자》 — 한국에선 결코 잘 팔리지 않을 제목이다. 아침 출근 시간 지하철 충무로역의 승강장을 오가는 수천 명의 사람들 중 《소립자》를 읽었을 사람은 그중 채 두 명이 되지 않을 가능성이 높다.

  지난 1998년 발표된 미셸 우엘벡(1958-)의 이 소설은 프랑스 사회를 발칵 뒤집어 놓았다. 열렬한 찬사와 격렬한 비난이 그야말로 열렬하고도 격렬하게 쏟아졌으며, 문화예술계는 물론 사회 전반에 걸쳐 첨예한 논쟁을 불러일으키며 '문제작'으로서의 위세를 과시했다. 문예

미셸 우엘벡, 《소립자》

지 <리르>는 '올해 최고의 책'으로 선정한 반면, '공쿠르 문학상'의 수상 후보에서는 아예 제외되는 '수모'를 겪었다. 그러나 이러한 요란한 가십들이 《소립자》를 우리의 특별한 연인으로 만드는 것은 아니다.

두 남자가 있다. 미셸과 브뤼노. 그들은 같은 어머니에게서 태어난, 아버지가 다른 형제들이다. 자신의 욕망과 쾌락을 좇아 자식을 저버린 부모 대신 그들은 따로 떨어져 각자의 할머니 손에서 자라난다. 그리고 '그(들)의 부모가 그랬듯이 그(들)는 한 사람을 진정으로 사랑할 수 있는 능력'을 갖추지 못하고 성인이 된다.

우엘벡이 소설 속 주인공을 자신과 동년배로 설정해 놓은 것은 다분히 의도적이며 또 무척이나 의미심장하다. 《소립자》가 프랑스에서 그토록 격렬한 논란에 휩싸인 것은 작가가 주인공들의 — 혹은 자신의 — 부모 세대를 통렬하게 비판하고 있기 때문이다. 우엘벡은 부모 세대가 쌓아 놓은 가치관의 전복을 기도한다. 얼핏 기존의 가치를 부정하는 것은 하나 새로울 것 없는 태도로 보이지만, 《소립자》의 경우 그것은 그렇게 간단한 문제가 아니다. 미셸과 브뤼노의 부모 세대란 누구인가. 바로 그 유명한 프랑스의 '68세대'다. '자유' '평등' '성의 해방'을 외치며 거리로 뛰쳐나왔던 혁명과 열정과 반항의 신세대. 프랑스 68세대는 젊음의 영원한 전설이며, 그들이 부르짖었던 민주주의와 합리주의와 개인주의는 모든 측면에서 20세기 후반 서구 사회의 근간이 되었다. 미셸과 브뤼노, 그리고 우엘벡은 바로 '68세대'의 아이들이었던 것이다.

자신의 욕망에 정직하며, 자유를 무한히 확대하고, 적극적으로 쾌락을 추구하는 것은 68세대 이후 곧 선(善)이자 진보이며, 정의로 여겨졌다. 그러나 우엘벡은 《소립자》에서 그러한 가치관에 더없이 비관적이고 회의적인 독설을 늘어놓는다. 그는 "욕망은 그 자체로 고통과 증오와 불행의 원천"이며, "한계가 없는 이기심이 바로 개인주의의 속성"이며, "분리란 악과 거짓의 또 다른 이름"임을 단언한다. 작가의 이러한 태도는 얼핏 편협한 보수 반동으로의 회귀라는 혐의를 받을 수 있다(우엘벡은 프랑스 좌우익 모두로부터 공격을 받았다). 그러나 그러한 관점이 단순한 퇴행으로 받아들여지지 않는 것은, 바로 소설 속에서 생생한 고통의 실존으로 형상화된 두 주인공 미셸과 브뤼노의 좌절과 절망 때문이다.

분자생물학자가 된 미셸은 섹스를 거부하는 무성애자로, 냉철하고 이성적인 과학의 세계에 스스로를 고립시키고 세상과 단절된 채 무감각한 나날을 살아간다. 인문학 전공의 교사인 브뤼노는 해소되지 못하는 성욕의 포로가 되어 끝없이 쾌락을 좇지만, 사랑이 제거되고 포

미셸 우엘벡, 《소립자》

르노만 남은 섹스는 그를 자기 환멸에 가득 찬 우울증 환자로 만들어 버릴 뿐이다. 형제는 극단으로 상반된 삶을 살아가지만 그들 삶의 황폐함은 놀랍도록 닮아 있다. 그들은 거리와 상관없이 서로에게 즉각적인 영향을 미치는 '소립자'들인 것이다.

인생의 마지막 기회와도 같은 소중한 사랑이 미셸과 브뤼노에게 찾아오지만, 역시 그들처럼 외로움과 소외를 천형처럼 짊어지고 살아온 연인들은 삶의 모순과 부조리를 극복하지 못하고 차례로 세상을 등진다. 미셸과 브뤼노는 끝내 구원받지 못한다. 브뤼노는 정신병원에 수용되고, 미셸은 자신의 모든 과학적 역량을 발휘한 연구 자료를 남긴 뒤 실종된다.

미셸의 연구를 토대로 "유전자 조작에 의해 남녀구분 없이 무성생식을 하며 평화와 유대 속에 불멸하는 신인류"가 탄생하고, "현재의 인류는 스스로 멸종"한다는 것이 이 소설의 결론이다. '사랑 없이 욕망과 쾌락만을 추구해 불행과 고통에서 벗어날 수 없다면 인간은 자멸해야 한다'는 이 과격하고도 염세적인 메시지는 충격적인 것일 수밖에 없다. 숱한 오해와 논쟁을 불러일으킬 수밖에 없다.

《소립자》는 우리의 특별한 연인이다. 무엇보다 '옳은 것은 과연 옳은 것인가'라는 소설의 본령을 향해 몸부림치며 꿈진하고 있기 때문이다. 미셸 우엘벡은 '이 책을 인류에게 바친다'라는 문장으로 소설을 끝맺었다. 과연 인간이라면 읽어볼 책이다.

 사랑할 수 없다면 멸망하라 — 나의 애틋하고 가련한 연인, 미셸과 브뤼노에게 건배를.

2005년 9월 7일

미셸 우엘벡, 《소립자》

차갑게 빛나는 황폐함
배수아, ≪철수≫

철수는 밤 아홉시에 전화를 하고 그리고 열한시에 또 전화를 했다. 첫 번째 전화는 보고 싶었다, 오랜만이다, 이 전화번호를 가지고 다녔다, 지금 신촌 어디쯤을 지나가고 있는 중이다. 그런 내용이었고 두 번째 전화는 좀 풀이 죽은 목소리로 나 술을 마셨다, 너를 만나러 가고 싶었는데 그러지 못하겠다, 미안하다, 그랬다. 두 번 다 나는 괜찮다고 말했다. 너 없이도 나는 십 년 동안 아무 일도 일어나지 않고 살아왔으니까 앞으로도 괜찮을 거라고 했다.
 삶의 도식성과 도덕적 우월감.
 철수는 나에게 그런 것을 보여주고 떠났다. 나는 빈곤감에 시달렸다. 나도 그런 것이 갖고 싶었다.

 이러한, 결코 흔한 종류라고는 할 수 없는 '작가의 말'로 시작되는 소설은 어떠한가. 소설 제목은 '철수', 작가의 이름은 배수아(1965-). 그 작가의 말이 실제로 작가에게 일어난 일인지, 이어지는 소설의 내용과 특별한 연관을 가지고 있는지, 그 남자 '김철수'의 이름이 정말 '김철수'인지, 일반적인 독자라면 궁금해 할지도 모를 일이다. 그러나 애석하게도, 그러한 것들은 조금도 중요한 것이 아니다. 적어도 '배수아 소설'에서라면 그렇다.
 우리는 소설의 성격을 규정하는 많은 단어들을 알고 있다. 연애소설, 성장소설, 풍자소설, 후일담소설 등등 — 그러나 그 중 어떤 용어도 《철수》를, 나아가 배수아 소설의 일반적인 성격을 규정하는 데에는 적합하지 않다. 그렇다고 이 소설에 연애, 성장, 풍자, 후일담이 아주 없다고도 할 수 없으니. 자신이, 혹은 자신의 소설이 어떠한 틀에 의해 규정되는 것을 한사코 거부하고자 하는 것이 작가의 의도였다면 배수아는 충분히 성공을 거두고 있다. 그러나 배수아가 '의도'나 '성

배수아, 《철수》

공'이란 말에 회의를 품지 않을 리도 없다.

    대부분의 우리는 1990년대라는 시대를 통과해왔다. 오랜 세월이 흐른 뒤 어떤 정의와 평가가 내려질 것인가는 분명하지 않지만, 90년대는 우리 사회에 처음으로 '입체'의 개념이 등장한 시대다. '입체'라는 말은 곧 '다중(多重)' '다각(多角)' '다원(多元)'의 의미를 가진다. 건국 이래 수십 년 동안 '산업화' '근대화' '민주화'는 모두 가파른 기울기의 상승 그래프로 달성되어야만 하는, 그 자체로서의 '이데올로기'였다. 그러나 90년대 이후 그 평면적이고 획일적인 목표 달성의 이데올로기들은 조금씩 빛을 잃어가기 시작했다. 여러 외부적인 요인이 있었으나 무엇보다 자가당착의 측면이 강했다. 어느 정도 긍정적인 성과를 거두었다고는 하더라도 예의 이데올로기들이 양산해 낸 극단적인 모순과 부조리는 병적일 정도로 복잡하고 기괴한 양상을 띠어갔다. 그 퇴색의 순간에 '개인' '일상' '욕망' '육체' 등의 화두가 처음으로 사회 전반에 등장했다.
    배수아 소설을 90년대라는 맥락 속에서 읽으려는 시도는 분명 타당해 보인다. 비단 배수아뿐만 아니라 90년대 등장한 다수의 젊은 소설가들이 신세대 작가군을 형성하며 기존의 한국 문학이 다루었던 것과는 차별되는 다양한 주제, 문체, 내용, 형식 등을 작품 속에 선보였다.

그러나 90년대라는 성긴 그물망만으로 작가 배수아를, 그녀의 소설을 온전히 건져 올리기란 불가능하다. 배수아가 가진 개성은 한국 근대 문학에서 그 선례를 찾아보기 힘든 독특한 것임에 분명하다. 작품 속에서 그녀가 묘사하는 불모지와도 같은 현대인의 삶, 소통과 교감의 실패, 애정과 신뢰의 부재, 기만적인 희망에 대한 환멸과 냉소, 전통적인 가치와 교훈에 대한 불감과 부정. 특유의 냉담하면서도 건조한 문체로 기괴하고 엽기적이기까지 한 존재의 비루함을 적나라하게 드러내는 배수아의 소설은 뜨거운 얼음 혹은 차가운 불이다. 그녀의 소설 속 인물들은 열망하지도 절망하지도 않는다. 함부로 그러하지 않는다.

나쁜 것은, 매력적이고 진지하고 치열하고 강하다. 인생을 오래 살게 되면 그런 것이 눈에 보이지. 그리고 그런 병은 절대로 낫지 않는 거야.
— <부주의한 사랑> 중

배수아의 작가적 개성이나 그녀의 소설이 가진 특징은 종종 위악의 포즈로 오해받아 악의적인 비판에 시달린다. 그러나 그것은 결코 위악의 포즈가 아니다. 그녀가 그려 내는 황폐함은 적어도 피상적이지 않

배수아, 《철수》

다. 섣부르지 않다. 그것은 삶의 본질에 가까운 무엇이다. 우리는 우리의 삶에 그 자체로 존재하는 혹독한 공허가 있음을 알고 있다. 알고 있음에도 많은 경우 그것은 부정된다. 오히려 그것을 부정하는 것이 긍정적이고 희망적인 삶의 태도로 권장된다. 공허를 진실의 일부로 인정하는 것이 두렵기 때문이다. 그러나 배수아는 그런 식의 타협을 받아들일 수 없는 작가다. 본질적인 황폐와 공허를 외면하고 교묘히 기만적인 긍정과 희망을 찾는 것이야말로 작가에게는 더할 나위 없이 인위적인 위선의 포즈인 것이다.

너는 너무 차가와 절망감에 몸이 떨릴 지경이다. 너의 입술은 처음부터 끝까지 달아오르지 않고 너의 몸은 미끈거리는 얼음 같다. 너는 이 세상에 태어나 한 번도 감동을 느낀 적이 없는 늑대소녀의 눈동자를 갖고 있다. 너의 심장에 귀를 가까이 가져가보면 텅 빈 허공에 바람소리만이 들린다.

유령이나 박제를 대할 때 느껴지는 섬뜩함, 혹은 궁핍감 — 그러나 특별한 눈을 가진 사람들은 그것들이 문득 아름답다는 것을 알고 있다. 그것은 자신의 본질을 부정하지 않은 존재만이 얻을 수 있는 고독한 아름다움인 것이다. 순간, 황폐한 존재는 차갑게 빛난다.

《철수》의 등장인물 김철수는 고유명사가 아닌 일반명사다. '철수'는 존재의 황폐함을 애써 외면해 버린 모든 사람들의 이름이다. 그러므로 '작가의 말'의 마지막 부분, "삶의 도식성과 도덕적 우월감. 철수는 나에게 그런 것을 보여 주고 떠났다. 나는 빈곤감에 시달렸다. 나도 그런 것이 갖고 싶었다"는 결코 동경이나 소망을 담고 있지 않다. '나'는 스스로 기꺼이, 영원히 빈곤감에 시달리기로 선택한 것이다.

나는 늦은 밤 사무실 의자에 깊숙이 앉아 Barefoot을 열세 번이나 반복해서 들었다. 정확히 열세 번이다. 열시가 되면 건물은 전체가 소등되고 강물에 가라앉은 별처럼 반짝이는 차들의 불빛이 어느 일정한 방향으로 흘러가고 있었다. Barefoot을 들으면서 나는 책상에 다리를 올리고 의자에 등을 기댔다가 살아난 시체처럼 벌떡 일어나 어두운 사무실을 서성거렸다.

2006년 5월 16일

배수아, 《철수》

은밀하게, 더욱 은밀하게
파스칼 키냐르, «은밀한 생»

책의 연인

키냐르, 키냐르……
부르지 않아도 은밀한 생은 온다
음악처럼, 문지방처럼, 저녁처럼
네 젖가슴을 흔들고 목덜미를 스치며
네 손금의 장강 삼협을 지나 네 영혼의
울타리를 넘어, 침묵의 가장자리

그 딱딱한 빛깔의 시간을 지나
욕망의 가장 선연한 레일 위를 미끄러지며
네 육체의 중앙역으로 은밀한 생은 온다

박정대 시인의 시 <네 영혼의 중앙역>의 일부다. 키냐르, 키냐르 — 한 시인이 마치 마법의 주문처럼 중얼거리는 그 이름. 바로 소설 《은밀한 생》의 작가 파스칼 키냐르(1948-)를 이른다. 키냐르, 키냐르…… 아닌 게 아니라 정말 신비하고 비밀스러운 주문의 한 구절 같은 이름이다.

자신의 작품으로 독자를 몽상의 우주로 이끄는 작가들이 있다. 키냐르는 그런 작가다. 그들은 우리를 부추긴다. 우리로 하여금 꿈을 꾸게 하고, 시를 쓰게 하고, 노래를 부르게 하고, 사랑하게 한다. 우리를 기어이 몽상가로 만들고 마는 몽상가들. 그것이 그들의 본령이다. 키냐르는 작품 속에서 그러한 자신을 숨김없이 드러낸다.

나는, 내가 읽으면서 몽상할 수 있는 그런 책을 쓰려고 한다.
나는 몽테뉴, 루소, 바타유가 시도했던 것에 완전히 감탄했다. 그들은 사유, 삶, 허구, 지식을, 마치 그것들이 하나의 몸인 듯 뒤섞었다.

파스칼 키냐르, 《은밀한 생》

무엇보다 우선 작가 자신을 몽상하게 만드는 책. 그러한 시도 앞에서 《은밀한 생》이 과연 소설인가 하는 평범한 의구심은 시나브로 무의미한 것이 되어 버린다. 《은밀한 생》은 소설이자 시이자 에세이이자 명상록이자 철학서다. 어쩌면 글로 쓴 생(生)이라는 곡(曲)의 악보, 또 어쩌면 그야말로 아슬아슬하게 존재하는 사랑의 경전일지 모른다.

키냐르는 "언어는 집단의 수집품"일 뿐이라고 말한다. "언어 없이도 삶은 가능하"며, "언어는 사랑에 적합하지 않다"고도 단언한다. 그러나 키냐르는 삶과 사랑에 바로 그 언어로써 접근한다. 언어로써 도전한다. 그토록 불가능하고 부적합한 언어가 작가가 가진 유일한 수단 ─ 악기이자 무기 ─ 이기 때문이다. 이렇듯 작가가 처한 모순된 상황은 힘겹고 부조리한 각자의 운명을 어떻게든 스스로 짊어져야 하는 우리 모두의 괴로움과 닮아 있다. 그저 생명을 받아 세상에 내던져짐으로써 시작된 삶은 결국 피할 수도 돌이킬 수도 없는 귀결처럼 죽음을 맞이한다. 그 과정 속에서 인생의 의미와 사랑의 비밀을 찾아 헤매는 인간의 모습은 때때로 아름다울지 몰라도 모순과 부조리 그 자체일 수밖에 없다.

나는 그녀가 무엇을 느꼈는지 모른다. 나는 그녀의 진짜 본성이 어떤 것인지 모른다. 한 여자를 소유한다 하더라도 결국 아무것도 소유하지는 못하므로 내가 그녀를 소유한 적이 없다는 것을 나는 안다. 한 여자를 꿰뚫는다고 하더라도 아무것도 꿰뚫지 못한다. 내가 그녀를 품에 안았을 때 그녀를 이해하지 못했음을 나는 안다. 그러나 나는 그녀를 사랑했다.

《은밀한 생》에서 키냐르는 끝없이, 그야말로 끝없이 사랑을 말한다. 사랑에는 부적합하다는 언어를 가지고 사랑을 말한다. 그것은 모순과 부조리 속에서도 죽음을 맞이하기 전까지는 어떻게든 살아갈 수밖에 없는 인간의 가장 인간다움을 증명하는 일이다. 그것이 사랑이다. 사랑은 언제나 '그럼에도 불구하고'이다.

누가 암시해주기 전에 이미 모든 것을 느꼈으므로, 느낌을 표현하려는 생각을 버린다면, 그때 사랑이 시작된다. 언어가, 손이, 성기가, 입이 할 수 있는 것보다 더 가깝게 타인에게 다가간다면, 사랑하고 있는 것이다.

심장, 말을 안 듣는 사지, 나른해진 몸뚱어리, 굳어진 혀, 수척한 모습, 눈물, 비밀, 홀로 타오르는 육체의 정염, 이러한 것들이 정열적인

파스칼 키냐르, 《은밀한 생》

사랑의 여덟 가지 증거다.

사랑은 말을 하는 두 개인, 두 자아, 하나에서 다른 하나로 이행하는 두 정체성이지, 서로 끌어당겨서 욕망을 채우는 두 육체가 아니다.

사랑은 따로 떨어져 행해진다. 마치 생각이 따로 떨어져 이루어지듯이, 독서가 따로 떨어져 행해지듯이, 음악이 침묵 속에서 구상되듯이, 꿈꾸기가 잠들어 있는 어둠 속에서 이루어지듯이 말이다.

왜 사랑은 격렬한 상실 안에서만 느껴지는 것일까?
왜냐하면 사랑의 원천이 상실의 경험이기 때문이다.
태어나기, 그것은 자신의 어머니를 상실하는 것이다.

이 세상 그 누구에게도 털어놓지 않을 어두운 황홀경을 맛본 날, 몇 시간 동안은 여자들과 남자들의 눈가에 아직도 거무스레한 무리가 져 있다.

이 소설에는 뚜렷한 인물도, 확실한 사건도 등장하지 않는다. 시간과 공간도 더없이 모호하고 불분명하다. 그러나 그럼에도 불구하고 그 모든 것들이 소설 속에 온전히 존재한다. 그 모든 것들이 고운 모래처럼 우리의 손아귀를 빠져나가 사랑을 향해 핍진한다. 말하면서 말하지 않는 말, 언어를 통해 침묵하기, 그것이 키냐르의 야심이다. 사랑을 말하기 위해서는 모든 것을 남김없이 말해야 하기 때문이다. 그것은 곧 침묵이다.

당연하게도 이 책은 결코 쉽게 읽히지 않는다. 독자가 수도 없이 곱씹고 되새기고 음미해야 할 단어와 문장들이 행간을 가득 메우고 있기 때문이다. 그것은 지극한 괴로움이자 더없는 즐거움이다. 번역자 송의경은 이 작품을 번역하는 데 꼬박 1년 반의 시간을 필요로 했고, 그 번역을 고치고 다듬는 데 다시 1년 반의 시간이 더 필요했다고 말하고 있다. 프랑스에서 키냐르를 만난 송의경은 작가로부터 '마지막 왕국'이란 작품을 집필하고 있다는 근황을 전해 듣는다. 번역자는 아마도 작가가 그것을 쓰다가 죽게 될 것이라고 예감한다. 그리고 그의 번역자인 자신도 그것을 번역하다가 죽게 될 것이라고 예감한다. 그 예감은 너무도 고요하고 담담한 것이어서 너무도 확고한 예감이 된다.

우주 안의 모든 것은 뻗어 나와 한 극으로 쏠린다. 하늘에 있는 것이든 지상에 있는 것이든 모든 것은 표출되어 흘러나온다. 뿌리를 내리고 있는 장소 위로 확장되는 침묵, 스스로를 가리는 육체 위로 확장되

파스칼 키냐르, 《은밀한 생》

는 비밀, 이러한 확장과 닫힘, 넓게 퍼져나가는 대양과 극도의 내밀함 속으로 집중되는 고립된 섬은 다른 누구와도 아닌 오로지 우리 두 사람만이 공유하고 있던 어떤 심층을 깊숙이 파고들었다.

'은밀한 생'이 따로 존재하는 것이 아니다. 생을 은밀하게 만드는 것 ― 그것이 우리 삶의 유일한 목표다. 하여 이 책을 읽을 수 있는 방법은 오직 하나뿐이다. 그것은 삶을 살아갈 수 있는 오직 한 가지 방법과 같다. 사랑하는 것. 이 책을 사랑하지 않고서는 이 책을 끝까지 읽을 수 없다. 키냐르는 말한다. "사랑한다, 즉 책을 펼쳐놓고 읽다."

2006년 12월 26일

슬픈 모국어
수키 김, 《통역사》

수키 김, 《통역사》

'이민(移民)'의 사전적 정의는 다음과 같다 — "개인이나 집단이 항구적 또는 장기에 걸쳐 자기 나라를 떠나 다른 나라의 영토로 이주하는 일"

대한민국 외교통상부가 2년마다 실시하고 있는 '해외거주 외국국적 동포 및 재외국민 현황'에 따르면 2005년 4월을 기준으로 현재 외국에 머무르고 있는 재외 동포의 수는 663만 8천여 명에 이른다고 한다.

중국, 미국, 일본은 물론 유럽과 동남아시아, 아프리카와 중남미에 이르기까지 그 국가 수도 무려 173개국이나 된다고 하니, 그야말로 세계 어디를 가든 그곳에 살고 있는 한국 사람을 만날 수 있다는 얘기가 된다(물론 이 통계는 정식 이민 외에 취업이나 유학 등을 목적으로 해외에 체류하고 있는 사람들도 포함된 숫자다).

흔히 '이민자' 하면 유태인이나 중국의 화교를 떠올리게 된다. 유태인의 경우 민족의 역사가 곧 '유랑의 역사'라고 할 만한 특수한 배경을 지녔고, 중국의 화교는 달리 '화상(華商)'이라 불릴 정도로 대부분 상업과 무역업에 종사하는 것으로 유명하다. 그런데 이제 '코리언' 역시 세계적인 이민자라 부를 수 있게 된 듯하다. 앞서 언급한 통계를 남북한 인구와 대비시켜 보면 한민족 열 사람 중의 한 사람은 외국에 나가 살고 있다는 결론에 이른다(전 세계 5천5백만에 이른다는 화교도 10억이 넘는 중국 인구를 감안한다면, 우리의 이민자 비율이 더 높다는 것을 알 수 있다).

우리 이민의 역사는 19세기 말 러시아와 중국으로 이주해 간 소수의 조선인들과 대한제국 시절이던 1903년 하와이의 '애니깽' 농장으로 102명의 한인들이 정식 노동 이민을 떠난 것을 그 시작으로 하고 있다. 이후 일제 강점기 궁핍과 핍박으로부터 벗어나기 위해 많은 농민들이 식민지가 되어 버린 고향 땅을 등지고 중국의 간도지방으로 이

주해 한인촌을 형성하였는데, 그것이 지금의 연변 조선족자치구를 이루게 되었다. 우리는 또한 역사적 정치적 이유로 러시아와 일본에 거주하고 있는 한인들이 그 어느 해외동포들보다 지난한 세월을 감내해 왔음을 알고 있으며, 해방 이후 60년대 경제 차관을 목적으로 독일로 파견된 광부와 간호사들이 얼마나 많은 땀과 눈물을 흘리며 유럽 이민사의 첫 페이지를 써 내려갔는지도 알고 있다.

물론 세월이 흘러 이제 이민의 성격도 천차만별이다. '기러기 아빠'로 대변되는 교육 이민, 90년대 외환 위기 이후 다시 등장한 생계형 이민, 또한 투자 이민, 노후 이민, 웰빙 이민 등도 최근엔 그다지 낯선 단어가 아니다.

그러나 뭐니뭐니해도 해외 이민을 가장 상징적으로 표현하는 말은 바로 '아메리칸 드림'일 것이다. '미국'이란 거대한 이데올로기 — '기회와 약속의 땅', 그 한마디는 고국을 떠나 이국에서의 삶을 선택한 사람들이 낯선 땅에 도착해 두려움과 기대 속에서 처음으로 되뇌었을 말일 것이다. 지금보다 훨씬 경제력과 정보력이 떨어졌던 시절, 사람들은 미국이란 나라를 지구상에서 가장 막강한 힘과 부를 가진 신천지이자 파라다이스로 여겼다. 그리하여 보다 나은 삶과 새로운 인생을 꿈꾸며 수많은 사람들이 태평양을 건넜다.

수키 김, 《통역사》

여기 그 수많은 사람들 중의 한 명이었던 소녀가 있다. 한국에서 태어난 소녀는 열세 살이 되던 해, 부모를 따라 미국으로 갔다. 물론 이민은 소녀의 선택이 아닌 부모의 선택이었다. 소녀의 이름은 수키 김. 소녀는 자라 여자가 되었고, 소설가가 되었다. 그녀가 살아온 삶에 대해 우리가 뚜렷하게 알 수 있는 것은 거의 없다. 대신 그녀는 《통역사》라는 자신의 소설을 통해 모든 소설가가 그러하듯이, 자신의 지나온 시간을 글 속에 내밀하게 삼투(滲透)시키고 있다.

수키 김은 '수지 박'이라는 자신과 동년배의 주인공을 내세워 이민 1.5세대가 겪은 이민자 가정의 고통과 불행을 담담하면서도 절박하게 그려 내고 있다. 이 소설은 모두가 장밋빛으로 꿈꿨던 '아메리칸 드림'이 얼마든지 악몽의 주제가 될 수도 있다는 것을 괴롭게 상기시킨다. 막연한 희망이 어떻게 구체적인 절망으로 변질되는지, 상처와 괴리가 어떤 모순과 비극으로 증식하는지를 작가는 생생한 질감의 문장으로 묘사한다.

소설 속 수지의 부모는 어린 두 딸과 미국에 정착해 살기 위해 휴일 없이 일주일 내내 일하며 고단한 이민자 가정을 꾸려 간다. 그러나 그들은 자신들이 꿈꾸었던 보다 나은 삶을 영위하지 못한 채, 끝내 영어조차 마스터하지 못한 채 비극적인 죽음을 맞는다. 이 소설은 수지가 부모의 죽음에 얽힌 미스터리를 풀어 가는 추리 형식으로 전개된다. 그 비밀의 열쇠를 쥐고 있는 것은 다른 한인 이민자들과 오래전 자신처럼 가족을 등진 언니 그레이스다. 수지는 고국이든 이국이든, 세상 그 어디에서든 인간은 자신의 아픈 상처와 대면할 수밖에 없는 존재임을 깨닫는다. 수지는 기나긴 외면과 도피를 끝낸다. 하여 이 소설은 슬픈 만큼 아름답다. 절망의 에너지만큼 희망의 가능성을 남겨 둔다.

제목이 말해 주듯 소설 속의 수지는 '통역사'다. 한국어와 영어 — 모국어와 외국어, 타인과 자신의 경계에서 아슬아슬한 줄타기를 하는 존재. 통역사는 수지에게 직업으로의 의미보다 삶 자체로의 의미가 된다.

수지는 지방 검사보의 이야기를 들으며 중요한 단어를 수첩에 적는다. 통역을 할 때는 아무리 문장이 길더라도 모든 단어를 정확히 옮겨야 한다. 통역사는 수학자하고 비슷하다. 그녀는 방정식을 푸는 것처럼 언어를 대한다. 단어 하나하나마다 동의어와 맞추어야 한다. 한 치의 오차도 없어야 정답을 얻을 수 있다. (……) 그녀는 단어를 들으면 사전적인 의미와 함축적인 의미를 분리한다. 직역은 오역이 되는 경우가 많기 때문이다. 언어는 논리적인 존재가 아니다. 따라서 통역사는 단어를 그대로 옮기면서도 이쪽 언어와 저쪽 언어 사이의 간격을

수키 김, «통역사»

교묘히 메울 줄 알아야 한다.

  한국어에 능통할 것이라 추측되는 수키 김은 이 소설을 영어로 썼다. 이제 외국어가 그녀에게 더 익숙한 언어이기 때문은 아닐 것이다. 통역사로든 소설가로든 그녀에게 모국어란 너무 슬픈 언어이기 때문일 것이다.

2006년 4월 5일

유토피아는 디스토피아에서 시작된다

조하형, 《키메라의 아침》

조하형, 《키메라의 아침》

그런 소설들이 있다. 올더스 헉슬리의 《멋진 신세계》 조지 오웰의 《1984》 폴 오스터의 《폐허의 도시》. 그런 영화들도 있다. SF작가로 유명한 필립 K. 딕의 원작을 영화화한 리들리 스콧의 <블레이드 러너> 스티븐 스필버그의 <마이너리티 리포트> 앤드류 니콜의 <가타카> 오시이 마모루의 <공각기동대> 워쇼스키 형제의 <매트릭스> 등도 빼놓을 수 없는 작품이다.

위에서 열거한 소설과 영화는 모두 '디스토피아'의 세계를 그리고 있다. 미래가 암울하고 참담하리라는 것이, 인류의 앞날이 결코 장밋빛이 아니라는 것이 그러한 디스토피아를 창조해 낸 작가들이 전하는 불길한 예언이다. 그들이 보여 주는 세계는 섬뜩한 악몽의 한 장면이다. 이기적인 욕망과 첨단의 과학 기술은 이윤과 효율을 극대화시킨다는 명분으로 인간성을 심각하게 훼손시킬 것이며, 그에 따른 혼란과 부작용으로 말미암아 인간은 존재 가치를 위협받고 파멸의 기로에 서게 될 것이라는 메시지가 그들 공통의 목소리다.

할리우드 블록버스터의 단골 소재이기도 한 이러한 테마는 이제 우리에게도 그다지 낯설지 않은 것으로 받아들여진다. 그러나 우리의 작가가 우리의 현실과 모순을 담아 '한국식 디스토피아 작품'을 선보인 예는 아직까지 그리 흔치 않다. 어느 작가의 말처럼 "새롭지 않은 소설은 부도덕한 소설"이다. 바로 거기에 '새로운 세상은 미친 세상이다!'라고 외치는 한 편의 '새로운 소설'을 주목해야 하는 까닭이 있다.

무엇보다 예술에 있어, '새로움'이란 존재의 이유다. 그러나 많은 경우, 새로움이란 그저 '새로움을 위한 새로움'에 그치고 만다. 단순히 '신기한 효과'를 한번 노려 보았다거나, '이 정도면 참신하지 않아? 나 대단하지?' 하는 치기 어린 허세나 얕은 교만일 뿐인 '실망스러운 새로움'이 너무나 흔하기 때문이다(특히 최근의 매스미디어를 통해 쏟아지는 대중문화 속에서 우리는 진지한 작가적 성찰이 결여된 '얄팍한 새로움'의 치졸한 예들을 얼마든지 찾아볼 수 있다). 어쩌면 '하늘 아래 새로운 것이란 없다'는 말이 진리일지도 모른다. 그러나 역시 그 말은 진정한 새로움을 찾기가 그만큼 어렵다는 뜻일 것이다. '새로움을 위한 새로움'이 아닌, '새로움이란 무엇인가'에 천착하는 새로움만이 바로 '신인(新人)'의 조건이 될 수 있다.

제3회 '문학 판 신인작가 장편 소설 공모'의 당선작인 조하형의 《키메라의 아침》은 한국 문학계에 본격적인 디스토피아 소설의 등장을 알린 작품으로 평가될 듯하다. 형식 면에서나 내용 면에서나 《키메라의 아침》은 틀림없이 '새로운 소설'이다. 독자는 바로 그 새로움의 정체를 파악해야 한다.

조하형이 그리는 미래 사회 역시 앞서 나열했던 작품들과 마찬가지로 떠올리고 싶지 않은 악몽 같은 모습을 하고 있다. 그 악몽 속의 등장인물들이 '레이첼'이란 이름의 사이보그나 초능력을 가진 '네오'가 아닌 '김철수' '박영구' '이순희' 등이기에 악몽의 불길함은 더욱 실감나게 다가온다.

《키메라의 아침》의 주요 모티브는 미래의 어느 날, 바로 날개 달린 조인(鳥人) — 즉 돌연변이 신인류가 등장한다는 설정이다. 물론 그것은 인간의 가치를 위협할 정도로 발달한 과학 기술의 부작용과 욕망을 생산하고 욕망을 소비하는 것에만 매진하는 자본주의 시스템의 그늘, 바로 현대 사회의 모든 병폐로부터 기인한 것이다. '고령화 사회' '유전자 조작' '환경 재앙' 등의 단어는 주지하다시피 이미 미래의 용어가 아니다. 작가는 각 분야의 해박한 지식을 바탕으로 그러한 단어들이 미래에 어떤 식으로 참혹하게 구체화될지 묘사하고 있다.

소설 속의 주요 배경이 되는 '노인촌'은 날개를 갖지 못한 — 가졌다 해도 날지 못하는 불구의 날개를 가진 — 구(舊)인류, 그중에서도 특히나 더 가난하고 소외된 자들이 모여 사는 일종의 '게토'다. 조인이 인류의 주인이 되는 과정 속에서 늙고 병들어 무용한 존재로 밀려난 노인들은 그곳에서 유령과 다를 바 없는 비참한 삶을 영위해 간다. 그들의 결핍과 절망은 호흡과도 같이 익숙한 것이며, 그들의 외로움은 겹겹의 올가미처럼 질기고 견고하다. 노인들은 죽음의 주문처럼 '나도 날고 싶다'고 중얼거린다.

《키메라의 아침》에서의 '날개'는 '희망의 상징'이나 '꿈의 실현'이 아니다. 많은 예술 작품들 속에서 '하늘을 나는 인간'은 이상적인 모습으로 추앙되어 왔다. 그러나 조하형은 제대로 된 날개가 아닌, 비뚤어진 욕망에 의해 돌연변이 날개를 함부로 갖게 된 인간의 삶이 얼마나 비참할 것인가를 되묻고 있다. 날개는 인간을 모순의 지옥 속으로 빠뜨렸다. 날개를 갖지 못한 인간도, 날개를 가진 인간도 행복하지 않다.

신인류가 출현했지만, 세상은 '미친, 새로운 세상'이 되었을 뿐이다. 작가는 '날 수 있기에, 아무도 날지 못한다'고 말한다.

소설의 클라이맥스라고 할 수 있는 마지막 부분에서 노인 김철수는 목숨을 걸고 어린 손자를 구한다. 날개를 갖고 있지만 자폐증을 앓고 있는 손자를 살리기 위해 젊은 시절 '암벽 등반가'였던 김철수는 깎아지른 절벽을 기어오른다. '인간답게', 죽을힘을 다해 기어오른다.

어쩌면 가장 절실하게 '유토피아'를 꿈꾸는 자들이 '디스토피아'를 창조하는 것인지 모른다. 미래는 암울하다. 십중팔구 암울해질 수밖에 없는 불길한 징조들이 세상에는 넘쳐 난다. 쉽게 유토피아를 부르짖는 사람들이 매달리는 것은 대개 막연한 기대나 망상에 가까운 희망이다. 미래는 암울하다. 그러나 미래가 암울하다고 말하는 순간, 미래는 암울하지 않을 수도 있게 된다. 디스토피아는 바로 '경고'이기 때문이다. 그토록 끔찍하고 어두운 미래를 보여 준 작가들이 바라는 것은 바로 자신들이 만들어 낸 미래가 도래하지 않는 것이다. 디스토피아를 창조함으로써 유토피아의 초석을 다지는 것이다. 그들은 자신들의 악몽이 실현되지 않기를 간절히 바란다. 그러므로 진정한 유토피아는 디스토피아에서부터 시작된다.

2005년 10월 5일

조하형, 《키메라의 아침》

삶과 사랑과 진실의 총체
조너선 샤프란 포어, «엄청나게 시끄럽고 믿을 수 없게 가까운»

책의 연인

우리는 이미 '오스카'라는 이름의 소년을 알고 있다. 세상에 대한 경멸과 야유로 스스로 자라지 않는 삶을 선택한 영원히 늙은 소년 — 귄터 그라스의 소설 «양철북»의 오스카. 전쟁의 폐허 속에서 세상의 부조리를 향해 미친 듯이 북을 두드리는 난쟁이 오스카는 쉽게 잊히지 않는 소설 속 캐릭터다.

여기 오래도록 기억될 또 한 명의 오스카가 있다. 미국의 젊은 작가

조너선 샤프란 포어(1977-)의 소설 «엄청나게 시끄럽고 믿을 수 없게 가까운»의 주인공 오스카 셸. 오스카는 뉴욕에 살고 있는 아홉 살 소년이다. 반짝이는 호기심으로 하나하나 세상을 알아 가던 소년은 '9.11테러'로 아버지를 잃고 만다. 소년의 세상은 완성되기도 전에 뒤죽박죽 헝클어져 버렸다. 조숙하면서도 엉뚱한, 그런가 하면 더없이 천진하고 사랑스러운 소년 오스카는 자신의 상황을, 상처를, 슬픔을, 분노를, 의문을 어떻게 받아들이고 처리해야 할지 갈피를 잡을 수 없다. 세상의 중심을 지켜 주던 아버지가 시체조차 남기지 않고 사라져 버렸기 때문이다. 오스카의 가족은 빈 관을 무덤에 묻는다.

우주의 모든 것과 믿을 수 없을 만큼 가까운 동시에 엄청나게 혼자인 듯한 기분을 느꼈다. 난생처음으로, 살기 위해 요구되는 그 많은 일을 다 해야 할 만큼 삶이 가치 있는 것일까 하는 의문이 들었다. 정확히 무엇 때문에 삶이 그만한 가치를 갖는다는 걸까? 영원히 죽은 상태, 아무것도 느끼지 못하고, 꿈조차 꾸지 않는 그런 상태가 뭐 그리 끔찍하다는 걸까? 느끼고 꿈꾸는 것이 뭐 그리 대단할까?

오스카는 공상으로 온갖 희한한 물건들을 발명하고, 탬버린을 연주하고, 동전을 모으고, 억지로 심리치료사를 만나고, 제인 구달과 스티

조너선 샤프란 포어, «엄청나게 시끄럽고 믿을 수 없게 가까운»

븐 호킹에게 자기를 조수로 써 달라는 편지를 보내고, 지하철과 엘리베이터 타는 일에 공포를 느끼고, 불면증에 시달리고, 학교에서 공연하는 엉터리 <햄릿>에 단역으로 출연하고, 이웃 아파트에 살고 있는 할머니와 무전기로 대화를 나누고, 어머니의 새 남자 친구에게 질투를 느끼고 심술을 부린다. 그러다 아버지의 유품 속에서 수수께끼처럼 발견한 열쇠 하나를 목에 걸고 그 열쇠가 어떤 자물쇠를 여는 열쇠인가를 알아내기 위해 치밀하게 계획을 세운 다음 ― 그러나 결국은 무모하게 ― 길을 나선다.

 소설에는 또 다른 화자들이 등장한다. 바로 오스카의 할아버지와 할머니다. 이들의 삶은 더욱 복잡한 상처들로 일그러져 있다. 2차 대전 당시 십대 소년이었던 오스카의 할아버지는 고향인 독일의 드레스덴에서 폭격을 당해 모든 것을 잃는다. 그가 실어증에까지 걸리게 된 것은 바로 첫사랑의 소녀가 자신의 아이를 임신한 채 폭격 속에서 사망했기 때문이다. 조각가를 꿈꾸었던 그는 미국으로 건너와 마음의 문을 굳게 닫은 채 살아간다. 그는 양 손바닥에 문신을 새겨 넣은 '예'와 '아니오'로 사람들과 대화한다. 세월이 흐른 어느 날 그는 우연히 첫사랑 소녀의 여동생을 만난다. 언니와 그와의 사랑을 알고 있던 여동생은 그가 상처를 극복하고 자신을 온전히 사랑해 줄 수 없으리라는 것을 알면서도 그와 결혼한다. 그 여동생이 바로 오스카의 할머니다. 서로를 원하면서도 서로를 거부하는 결혼 생활이 이어지고, 아내가 임신한 사실을 알고 사랑도 상처도 더 이상 감당할 수 없다고 느낀 남편은 홀연히 사라져 버린다. 그리고 수십 년이 흐른다. 할머니는 어린 손자 오스카에게 편지를 쓰는 형식으로, 할아버지는 자신이 외면한 아들 — 오스카의 아버지인 토마스 — 에게 편지를 쓰는 형식으로 지나간 시간과 삶에 대해 말한다. 그러나 그것은 보내지 못할, 받지 못할 편지들이다.

　예의 열쇠가 무엇을 여는 열쇠인지 알아내기 위해 아홉 살의 오스카는 거대한 도시 뉴욕의 이곳저곳을 헤매고 다닌다. 아버지가 남긴 열쇠는 '블랙'이란 이름이 쓰인 작은 봉투 안에서 발견되었다. 단서는 그것뿐이다. 오스카는 뉴욕에 살고 있는 모든 '블랙'씨들을 만나려 하는 것이다. 오스카는 숱한 블랙들을 찾아간다. 그들은 오스카의 아버지를 모른다. 열쇠에 대해서는 더더욱 모른다. 그러나 그들은 어린 오스카에게 각자 자신의 얘기를 들려준다. 오스카는 그들 역시 자신처럼 나름의 사랑을, 상처를, 모순을, 기쁨을, 슬픔을, 우주를 품은 채 살아가고 있다는 것을 알게 된다.

　좋은 소설은 삶을, 사랑을, 진실을 총체적으로 드러낸다. 부분을 말하고 있으면서도 그것은 결국 전부를 말하게 된다.

조너선 샤프란 포어, 《엄청나게 시끄럽고 믿을 수 없게 가까운》

어린 소년이 아버지를 잃었다. 그 혼돈과 슬픔. 진정한 사랑을 키워 갈 수 없었던 부부가 있었다. 그 상처와 회한. 세계 최고의 도시, 세계 최고의 빌딩이 테러로 인해 무너져 내렸다. 수많은 사람들이 영문을 모른 채 고귀한 목숨을 잃었다. 그 모순과 부조리. 그 사건의 진실은 반드시 그 사건의 경위만을 말하는 것이 아니다. 한 인간이 죽는다 해도 그 한 인간을 이루고 있던 모든 것이 죽는 것은 아니다. 삶과 사랑과 진실은 유기적으로 움직인다. 생명은 죽음 뒤에도 여전히 생명을 남긴다. 살아남은 모든 자들이 그것을 안다.

테러가 일어났던 날, 학교에서 일찍 집으로 돌아왔던 오스카는 무너져 가는 세계무역센터 빌딩에서 다급하게 전화를 걸어온 아버지의 목소리를 외면했다. 자동 응답기 속의 아버지가 몇 번이나 자신을 찾았음에도 오스카는 전화기를 집어 들지 못했다. 할아버지는 자신이 탄생을 부정했던 아들이 테러로 죽음을 당했다는 사실을 알고는 대서양을 건너 집으로 돌아온다. 수십 년 동안 아들에게 부치지 못했던 무수한 편지를 안고 늙어 버린 아내 곁으로 돌아온다. 열쇠에 얽힌 수수께끼 자체는 결코 중요한 것이 아니다. 깊은 밤 할아버지와 손자는 아버지의 빈 무덤을 파헤치기 시작한다.

오스카는 천체물리학자 스티븐 호킹의 편지를 받는다. 거기에는 다음과 같은 구절이 쓰여 있다.

"광대무변한 우주 대부분이 암흑 물질로 구성되어 있다는 얘기는 굳이 말하지 않아도 아실 겁니다. 우리가 결코 볼 수도, 들을 수도, 냄새 맡을 수도, 맛볼 수도, 만질 수도 없는 것들이 깨지기 쉬운 균형을 좌우합니다. 그것이 삶 자체를 좌우합니다. 무엇이 진짜일까요? 무엇이 진짜가 아닐까요? 어쩌면 이런 질문은 하지 말아야 할, 옳지 않은 질문일지도 모릅니다. 무엇이 삶을 좌우할까요?"

삶과 사랑과 진실은 위대하다. 그것은 모순과 부조리, 고통과 슬픔, 불가해한 운명의 상징들로 가득 찬 '암흑 물질'이지만, 그것이 바로 우리의 모든 것을 좌우한다. 오스카의 할머니가 말한다.

"너에게 지금까지 전하려 했던 모든 이야기의 요점은 바로 이것이란다, 오스카.
그 말은 언제나 해야 해. 사랑한다, 할머니가."

2006년 11월 28일

조너선 샤프란 포어, 《엄청나게 시끄럽고 믿을 수 없게 가까운》

그들의 목소리에 귀를 기울이면
존 버거, 《여기, 우리가 만나는 곳》

책의 연인

내가 열세 살이었을 때 어머니는 이를 모두 뽑아야 했다. 어머니는 택시를 타고 집으로 왔다. 나는 문가에 서 있었다. 어머니는 반듯하게 누워 턱을 앞으로 쑥 내밀고 있었는데, 이가 모두 뽑혀 나간 뺨이 홀쭉했다. 그 순간에 내가 할 수 있는 건 두 가지뿐이었고, 그 두 가지 중에서 하나를 선택해야 한다는 걸 알았다. 비명을 지르거나, 어머니 옆에 가서 눕거나. 그래서 그 옆에 가서 누웠다. 워낙 속을 알 수 없는 분이라기쁘다고 해서 그걸 바로 드러내는 법이 없었다. 우리는 둘 다 기다려야 했다. 몇 분이 지났을 때 이불 속에서 한쪽 팔을 꺼내 당신의 찬 손으로 내 손목을 쥐었다. 눈은 여전히 감은 채였다. 대부분의 사람들은 진실을 견딜 수 없단다. 어머니가 말했다. 정말 안 된 일이지만 어쩔 수 없어. 대부분이 그걸 견디지 못해. 존, 엄마 생각에 너는 진실을 감당할 수 있을 것 같아. 두고 보자꾸나. 세월이 흐르면 알게 되겠지. 나는 아무 대꾸도 하지 않았다. 그냥 침대에 누워 있었다.

세월이 흘렀다. 그랬던 어머니, 그 어머니는 죽고, 어린 아들은 자라 어른이 되었고, 예술가가 되었다. 이제 어머니가 죽은 나이보다 더 나이를 먹은 늙은 아들은 어느 날 포르투갈 리스본을 여행하던 중 15년 전에 죽은 어머니를 만난다. 그것은 조금도 이상한 일이 아니다. 아들은 "진실을 감당할 수 있는" 인간이 되었기 때문이다.

"죽은 다음에 많은 것을 배웠단다. 그러니까 너도 여기 있는 동안 나를 잘 이용해. 죽은 사람은 사전 같아서 모르는 것을 찾아볼 수 있어."

죽은 어머니와 늙은 아들은 팔짱을 끼고 시내의 광장을 걷고, 주택

존 버거, 《여기, 우리가 만나는 곳》

가의 계단을 오르고, 사람들로 붐비는 전차를 타고, 수산 시장의 생선들을 구경하고, 카페의 작은 테이블에 마주 앉아 얘기를 나눈다. 이것은 당연히 조금도 으스스한 장면이 아니다. 진실이기 때문이다. 그들의 마지막 만남에서 어머니는 아들에게 일러 준다.

"저 개는 줄이 너무 밭아. 그걸 바꿔 봐, 길게 늘여 보라고. 그러면 개는 그늘에 들어갈 수 있을 테고, 그러면 드러누워서 짖기를 멈추겠지. 그렇게 조용해지면 저 집의 어머니는 부엌에 카나리아 새장을 걸어 놓고 싶었다는 게 기억날 거야. 카나리아가 노래를 불러 주면 그녀는 다림질을 더 많이 할 수 있을 테고. 새로 다린 셔츠를 입고 출근을 하는 아버지의 어깨는 조금 덜 쑤시겠지. 그러니까 퇴근해서 집에 오면 예전에 그랬던 것처럼 십대인 딸과 가끔씩 농담을 할 거야. 그리고 딸은 큰맘 먹고 이번 한 번만 남자친구를 저녁식사 때 집에 데려가자고 결심할 거야. 그리고 아버지는 그 젊은 친구에게 언제 같이 낚시를 하러 가자고 할 테고…… 누가 알겠니? 그냥 줄을 길게 늘여 보는 거야."

영국 출신의 미술평론가, 사진이론가, 다큐멘터리 작가, 사회비평가, 그리고 소설가로 널리 알려져 있는 존 버거(1926-)의 《여기, 우리가 만나는 곳»은 80세를 맞이한 한 예술가의 자전적인 목소리를 들을 수 있는 소설이다. 소설은 유럽의 여러 도시를 배경으로 한 늙은 예술가가 인생의 기나긴 여정 속에서 만나고 사랑하고 — 대부분 죽음으로 — 헤어진 사람들을 다시 만나고 기억하고 또다시 떠나보내는 이야기들로 이루어져 있다.

죽음은 너무나 당연하게도 삶의 일부다. 누군가의 기억 속에 온전히 살아있는 사람이란 죽어도 죽은 것이 아니다.

이 소설에서 단순히 재미난 읽을거리로 '긴박한 모험'이나 '두근거리는 로맨스'를 기대할 수는 없다. 소설은, 소설의 문장은 그저 강물처럼 흘러간다. 그러나 그 강물이 긴박한 모험이나 두근거리는 로맨스를 알지 못하는 것은 결코 아니니. 강물 속에는 모든 것이 들어 있다. 그 무심하고 거대한 물결을 오래도록 말없이 바라보는 사람은 인생의 모든 것을 담고 흘러가는 강물 속의 깊은 눈동자를 알아보게 된다.

어떤 조건과도 무관하게, «여기, 우리가 만나는 곳»은 진정 아름다운 소설이란 결국 이런 것이어야 하지 않을까 하는 감상에 젖게 한다. 소설이란 결코 가볍지 않은 인생의 진실을 온전히 감당해 온 늙은 인간의 나직한 목소리와도 같은 것이어야 하기 때문이다.

존 버거, «여기, 우리가 만나는 곳»

그래, 참을 수 없을 때가 있지. 그가 말했다. 울어야겠으면, 정말 울어야겠으면 나중에 울어. 도중에 울지 말고! 이걸 기억해야 해. 너를 사랑하는 사람들, 오직 그 사람들하고만 있을 때가 아니라면 말이야. 물론 그렇다면 너는 이미 운이 좋은 거지. 세상엔 우리를 사랑하는 사람이 그렇게 많지 않으니까. 그들과 함께 있을 땐 도중에 울어도 좋아. 그렇지 않다면 나중에 울어.

'나'는 제네바의 한 공동묘지로 간다. 재능 있고 아름다운 여성이 된 딸을 자신의 모터사이클 뒷자리에 태우고. '나'는 호르헤 루이스 보르헤스의 묘비 앞에 선다. '나'는 보르헤스의 시구를 기억하고 있다. "나는 상처를 합리화해야 한다. / 나의 행운이나 불운은 상관없다. / 나는 시인이다."

'나'는 또한 어린 시절 한 서커스단의 코미디언이 웃기고도 슬픈 목소리로 무대 위에서 외치던 소리를 기억한다.

"인생은 정말 어려운 거죠. 이걸 살아서 넘기는 사람은 없으니까요!"

'나'는 어머니를, 아버지를, 스승을, 친구를, 연인을 만나고 사랑하고 떠나보냈다. 그리고 그것은 다시 반복된다. 그것이 진실이고 그 진실은 예술을 통해 드러난다. 그것이 어두운 쇼베 동굴 속 크로마뇽인이 그려 놓은 오래된 동굴 벽화에도 귀를 기울여야 하는 이유다.

예술은 낳자마자 걸을 수 있는 망아지처럼 태어나는 것 같다. 예술을 탄생시키는 재능에는 그 예술에 대한 필요가 수반된다. 그 두 가지는 함께 나타난다.

'나'는 글을 쓰는 인간이다. 그들의 목소리에 귀를 기울여야 한다.

"네가 찾아낸 것만을 쓰렴." 어머니가 말했다.
"제가 뭘 찾아낸 건지 전 끝끝내 모를 거예요." 내가 말했다.
"그래, 끝내 모를 거야."
"글을 쓰려면 용기가 필요해요." 내가 말했다.
"용기는 생겨날 거다. 네가 찾아낸 것을 쓰고, 그걸 우리에게 알려 주는 호의를 베풀렴."

기꺼이, 문득 진실을 감당할 수 있을 것 같았던 지난날의 어느 아침, 무심히 펼쳐 든 존 버거의 글을 누군가에게 읽어 주던 순간이 있었다.

존 버거, 《여기, 우리가 만나는 곳》

다른 어느 아침, 누군가가 내 머리맡에서 나직이 존 버거의 글을 읽어 주던 순간이 있었다.

어느 것이 먼저였는지는 기억나지 않는다. 그보다 오래전 어느 가을밤, 또 다른 누군가의 손에 존 버거의 책을 들려 주고 황망히 집으로 돌아오던 순간도 있었다. 거기, 아니 여기, 우리가 만나는 곳에서였다. 진실과 용기, 그리고 가냘픈 희망…….

2006년 6월 13일

테레사와 토마스와 사비나와 나
밀란 쿤데라, 《참을 수 없는 존재의 가벼움》

나는 밀란 쿤데라의 소설 《참을 수 없는 존재의 가벼움》을 네 번 읽었다. 송동준의 독일어판 번역으로 두 번, 이재룡의 불어판 번역으로 두 번. 의도한 일은 아니었다. 그사이 십여 년의 시간이 흘러갔다.

《참을 수 없는 존재의 가벼움》은 이미 충분히 유명한 소설이다. 세계적으로 20세기를 대표하는 고전의 하나로 평가받고 있으며, 국내 서점가에서도 스테디셀러로 손꼽히는 작품이다. 그러니 이 글을 쓰는 의도가 «참을 수 없는 존재의 가벼움»에 대한 단순한 소개나 리뷰일 필요는 없다고 생각한다.

같은 소설을 네 번이나 읽었다는 것을 우쭐해하려는 것은 결코 아니다(오히려 '뭐 그렇게까지나', 핀잔을 들을 수도 있는 일일지 모른다). 반복된 독서에 거창한 의미가 담겨 있다고 생각하지는 않는다. «참을 수 없는 존재의 가벼움»이 역사상 가장 위대하고 뛰어난 소설이라 생각하는 것도 물론 아니다. 다만, 언제부터인가 나는 이 소설과 함께 살아가고 있다는 생각이 든다. 이 소설과 함께 나이를 먹어 가고 있다는 생각이 든다.

시작은 소설이 아니라 영화였다. 갓 고등학생이 되었던 어느 봄날의 휴일, 친구들과 함께 중학생 시절 흠모했던 영어선생을 만나러 갔다. 영어선생은 '몰라보게 어른스러워졌다'는 말로 우리를 반겼다. 물론 중학교를 졸업한 지 불과 몇 개월 만에 그럴 리는 만무했지만, 더 이상 어린 소녀이고 싶지만은 않았던 나와 친구들은 그 말을 믿고 싶어 했던 것 같다. 중국요리를 먹고 영화를 보러 갔다. 복합 상영관이 없던 시절, 가장 가까운 극장에서 상영하고 있던 영화는 <프라하의 봄>이었다. 그때는 물론 그 영화가 «참을 수 없는 존재의 가벼움»을 원작으로 만들어진 것임을 알지 못했다. 영어선생은 알고 있었을까. 유명 소설을 영화화한 작품이니만큼 '몰라보게 어른스러워진' 제자들과의 관람이 교육적일 수도 있겠다 생각했을까.

　나는 민망한 상황이 벌어질 것을 알고 있었다. 내가 <프라하의 봄>에 대해 유일하게 알고 있던 사실은 몇 개월 전 개봉 당시에는 분명히 '미성년자 관람 불가'였다는 것이었다. 상영 극장이 바뀌며 어떻게 해서 '고교생 이상 관람가'가 되었는지는 아직도 알 수 없는 일이다. 이미 시작된 영화, 극장 좌석은 반 이상 비어 있었다. 영어선생이 우리와 서너 칸 간격을 두고 자리에 앉은 지 얼마 되지 않아 스크린 속의 다니엘 데이 루이스가 줄리엣 비노쉬의 스웨터를 능숙한 솜씨로 벗겨냈다. 남자의 이름은 토마스, 여자의 이름은 테레사. 기차를 타고 무작정 토마스를 찾아온 테레사. 그곳은 프라하. 테레사는 고열에 시달리며 끙끙 앓는다. 뺨이 더할 수 없이 빨갛다. 삶이 달라질지도 모른다는 전조(前兆). 혹은 전조 그 자체인 삶.

　고등학생이 되어 중학생 때 좋아했던 학교선생과 함께 관람하기에 적절한 영화는 분명 아니었다. 처음에는 베드신이 잦기 때문이라고 생각했다. 그러나 그것 때문만이 아니었다. 그것을 정확히 설명할 수 없다는 점에서 나는 미성년이 분명했다. 그렇다고 모든 성년들이 그것을 설명할 수 있을 거라고도 생각되지 않았다. 영화를 보는 내내 불편했다. 그러나 불편했던 만큼 나는 충분히 예민해져 있었다. 몇몇 장면

밀란 쿤데라, 《참을 수 없는 존재의 가벼움》

들이 마음속을 휘저었다. 그러나 «참을 수 없는 존재의 가벼움»을 처음 만났던 그날, 나는 제대로 인사조차 하지 못하고 헤어진 셈이 되었다. 토마스를 찾아온 테레사의 손에 쥐어져 있던 책이 톨스토이의 «안나 카레리나»라는 것을 나는 몇 년이 흐른 뒤에야 알게 되었다. 영화가 끝났을 때 영어선생은 잠들어 있었다. 고개를 뒤로 젖히고 입을 반쯤 벌린 채 깊이 잠들어 있었다.

딱히 대학에서 문학을 전공했기 때문에 «참을 수 없는 존재의 가벼움»을 읽게 된 것은 아니었다. 십여 년 전, 그래도 대학생이라면 «살아남은 자의 슬픔» «악의 꽃» «백 년 동안의 고독» 같은 제목의 작품들을 꼭 읽어야만 할 것 같은 분위기가 남아 있던 시절이었다. 그것이 지적 허영에 불과한 것이었다 해도, '7급 공무원 수험서'나 '젊은 날 시작하는 재테크' 등이 대학생의 필독서로 여겨지는 지금의 풍토보다는 아름다운 일이었다고 생각한다.

조금씩 천천히, 나는 테레사와 토마스와 사비나를 알아 갔다. 열일곱에 보았던 영화 덕에 그들은 책 속에서 줄리엣 비노쉬와 다니엘 데이 루이스와 레나 올린의 얼굴을 하고 웃고 울고 방황하고 사랑했다. 당연히 소설은 영화보다 훨씬 더 깊고 농밀한 세계로 나를 데려갔다. 테레사와 토마스와 사비나는 내게 제 삶과 사유와 영혼을 보여 주었다. 물론 조금씩 천천히.

  성욕은 여러 여자에게 느끼지만 수면욕은 오직 한 여자에게만 느낀다는 토마스, "그럴 수 밖에……"를 중얼거리며 다시 프라하로 돌아온 토마스, 창문닭이가 된 바람둥이 외과 의사 토마스.

  검정 중절모를 쓰고 거울을 들여다보는 사비나, '진실에 산다'는 것을 보여 준 사비나, 농담을, 키치를, 배신을 가르쳐 준 아름답고 고독한 사비나.

  그리고 테레사. 매일 밤 악몽에 시달리는 테레사, 쓰러져 일어나고 싶지 않은 현기증에 사로잡힌 나약한 테레사, 그러나 낮은 하늘에 위협적으로 비행기가 날고 군중과 탱크가 뒤섞여 굴러다니는 미친 프라하의 거리를 미친 듯이 카메라 렌즈에 담았던 테레사.

  스무 살에 이해하지 못했던 문장에 밑줄을 그으며 전율하던 나의 스물다섯. 문득 불길한 꿈에서 깨어나 바로 그 문장을 찾아 확인하기 위해 책장을 더듬거렸던 어느 새벽, 그 문장을 되새기며 오랫동안 희뿌옇게 밝아 오는 창밖을 바라보던 서른 살의 나. 낡은 책을 잠시 가슴에 안았었는지도 모른다. 바로 그때 내 옆에서 술잔을 기울이던 토마스와 알 수 없는 멜로디를 흥얼거리던 사비나와 애견 카레닌의 머리를 쓰다듬던 테레사. 우리는 서로 별말이 없었지만, 나는 그들과 함께 살아가

밀란 쿤데라, 《참을 수 없는 존재의 가벼움》

고 있었다. 그들과 함께 나이를 먹어 가고 있었다.

   한 편의 소설을 읽는다는 것은 그 행위 이상을 의미한다. 아니, 나는 그래야만 하는 삶을 스스로 선택했다. 그것은 대체로 아름답고 슬픈 일이었다. 앞으로 남은 생의 어느 날 나는 또다시 «참을 수 없는 존재의 가벼움»을 꺼내 그 어느 페이지를 펼치게 될 것이다.

   지나간 시간 속의 어느 날 나는 소설가가 되었다. 그리하여 문득문득 테레사와 토마스와 사비나를 창조한 소설가 밀란 쿤데라의 다음과 같은 말을 중얼거리곤 하는 것이다.

"내 소설의 인물들은 현실화되지 않은 내 자신의 가능성들이다. 그 때문에 나는 그들 모두를 한결같이 좋아한다. 그 때문에 그들 모두는 내게 똑같이 불안을 준다. 그들은 누구나 나 자신은 물러나 피했던 경계선을 넘었다. 그들이 넘었던 바로 이 경계는 ― 이 경계를 넘어서는 곳에 나의 자아는 끝난다 ― 나의 마음을 끈다. 이 경계의 이면에서 비로소 내 소설이 추구하는 큰 비밀이 시작된다. 소설은 작가의 참회가 아니라, 함정이 되어버린 이 세상에서 인간의 삶은 무엇을 뜻하는가를 추구한다."

2006년 10월 19일

책의 연인

II

위험한 지식이 담긴 책들을 공개적으로 불태워버리라고
이 정권이 명령하여, 곳곳에서 황소들이 끙끙대며 책이 실린 수레를
화형장으로 끌고 왔을 때, 가장 뛰어난 작가의 한 사람으로서
추방된 어떤 시인이 분서 목록을 들여다보다가
자기의 책들이 누락된 것을 알고
깜짝 놀랐다. 그는 화가 나서 나는 듯이
책상으로 달려가, 집권자들에게 편지를 썼다.
나의 책을 불태워 다오! 그는 신속한 필치로 써내려갔다.
나의 책을 불태워 다오!
그렇게 해다오! 나의 책들을 남겨놓지 말아 다오!
나의 책들 속에서 언제나 나는 진실을 말하지 않았느냐?
그런데 이제 와서 너희들이 나를 거짓말쟁이처럼 취급한단 말이냐!
나는 너희들에게 명령한다.
나의 책을 불태워 다오!

― 베르톨트 브레히트, ⟨분서(焚書)⟩

서정시를 쓰기 힘든 시대

베르톨트 브레히트, 《살아남은 자의 슬픔》

책의 연인

물론, 시는 바쁘다. 할 일이 많기도 하다 — 사랑하는 연인에게 세레나데를 선사해야 하고, 잠 못 드는 깊은 밤 누군가를 그리워도 해야 한다. 삭풍의 눈보라 속에서 봄을 기다리는 꽃망울을 예찬해야 하는가 하면, 거울을 들여다보며 까닭 없이 차오르는 근원적 슬픔에 눈물도 지어야 한다. 시는 노을에 비껴 날아가는 새들과 늙은 어머니의 굽은 등과 깊고 고요한 우물에 대해 말해야 한다. 맞다. 시는 망설여야 하고, 추억해야 하고, 보듬어야 하고, 침묵해야 한다. 아름다운 꿈을 꾸어야 한다. 그것이 서정(抒情)이다.

그러나 과연 '서정'만이 시의 본령일까. 독일의 시인이자 극작가인 베르톨트 브레히트(1898-1956) 역시 그런 의구심을 갖고 있었다. 그는 자신이 살았던 시대를 "서정시를 쓰기 힘든 시대"라고 정의했다.

> 앞으로 일어날 전쟁은
> 첫 번째 전쟁이 아니다. 그 이전에도
> 이미 여러 차례 전쟁이 일어났었다.
> 지난번 전쟁이 끝났을 때
> 승전국과 패전국이 있었다.
> 패전국에서 하층 서민들은
> 굶주렸다. 승전국에서도 역시
> 하층 서민들은 굶주렸다.
> ─ <앞으로 일어날 전쟁은>, 1936-37년

시는 종종 절망하고 분노한다. 시가 처한 시대가, 시인을 둘러싼 세상이 한가로이 아름다운 연가(戀歌)를 읊기에 적절치 않은 경우 말이다. 하여 시인은 순결한 양심의 목소리로 광기와 욕망에 휩싸인 시대

베르톨트 브레히트, 《살아남은 자의 슬픔》

와 세상을 향해 그것이 아니라고, 그것은 옳지 않다고 부르짖는다. 그로 인해 시인은 순교자처럼 핍박받는다. 어쩌면 그것은 시인의 운명이다.

젊은 브레히트는 세상의 변화와 진보를 원했다. 그는 저 도저한 19세기 리얼리즘 문학의 세례를 받은 아들이었다. 브레히트는 파격적인 형식과 내용의 시와 연극을 선보였다. 그는 파시즘에 대항하는 작품들로 인해 일찍이 나치스의 눈 밖에 난 상태였다. 히틀러가 득세하면서 독일에 본격적인 나치스 정권이 들어서자 브레히트 역시 당시의 많은 지식인과 예술가들처럼 망명길에 오른다. 그는 망명지 덴마크에서 분서(焚書) 소식을 듣는다. 좌익 진보 세력, 유대계 지식인, 파시즘에 반하는 예술가 등 — 물론 브레히트도 일순위로 포함되어 있었다 — 나치스에 의해 '불온한 인물'로 간주된 저자들의 '불온한 책'들이 모조리 압수되어 불태워진 것이다. 중세의 '마녀 화형식'을 방불케 하는 '책 화형식'이 독일 전국에서 발생했다.

나의 책을 불태워다오!
그렇게 해 다오! 나의 책을 남겨 놓지 말아 다오! 나의 책들 속에서 언제나 나는 진실을 말하지 않았느냐? 그런데 이제 와서 너희들이 나를 거짓말쟁이처럼 취급한단 말이냐! 나는 너희들에게 명령한다.
    나의 책을 불태워다오!
    — <분서> 중, 1938년

　　작가의 피와 땀이 어린 소중한 글이 불태워지는 시대. 그리고 그러한 자신의 책을 차라리 남김없이 태워 버리라고 역설적으로 일갈하는 시인. 과연 브레히트의 시대는 서정시를 쓰기 힘든 시대였던 것이다.
　　미래를 기약할 수 없는 브레히트의 망명 생활은 15년간이나 이어진다. 전쟁의 광기를 피해 가족과 함께 유럽 이곳저곳을 떠돌던 브레히트는 모스크바에서 시베리아 철도로 러시아 대륙을 가로질러 미국으로 건너가기에 이른다. 불안정한 떠돌이 신세와 다를 바 없는 망명자의 회환을 브레히트는 다음과 같은 시구들로 표현했다.

벽에다 못을 박지 말자.
저고리는 의자 위에 걸쳐 놓자.
무엇 때문에 나흘씩이나 머무를 준비를 하느냐?
너는 내일이면 돌아갈 것이다.
    — <망명기간에 관한 단상> 중, 1936-37년

베르톨트 브레히트, 《살아남은 자의 슬픔》

아침마다 밥벌이를 위하여
거짓을 사주는 장터로 간다.
희망을 품고
나는 장사꾼들 사이에 끼어든다.
― 〈할리우드〉, 1942년

미국에서의 궁핍하고 소외된 이방인의 삶을 마감하고, 브레히트는 오스트리아를 거쳐 전쟁이 끝난 독일로 돌아온다. 그러나 이데올로기가 첨예하게 대립하던 당시, 서독으로부터 입국을 거부당하고 동독으로 귀환한다. 이후 브레히트는 '베를린 앙상블'이란 극단을 만들어 '서사극' 장르를 통해 현실 문제에 깊이 천착하는 자신만의 문학 세계를 확고히 다져 나간다. 그는 세계적인 작가로 명성을 얻지만 부패한 동독 사회에 환멸을 느끼게 된다. 브레히트는 죽기 직전 다음과 같은 말을 남겼다. "나는 편안한 작가가 아니었고, 내가 죽은 뒤에도 그렇게 남기를 바란다. 그렇다 해도 모종의 가능성들은 여전히 남아 있다."

소박하고 절제된 문장으로, 단순하고 명료한 목소리로, 요란한 수사나 복잡한 우회 없이, "서정시를 쓰기 힘든 시대"를 진실하게 노래했던 브레히트. 그의 시가 특히 우리에게 큰 울림을 주는 것은 우리 역시 "서정시를 쓰기 힘든 시대"를 아프게 통과해 왔기 때문일 것이다.

그리고 어쩌면 여전히 우리는 "서정시를 쓰기 힘든 시대"에 살고 있는지도 모르겠다.

　물론 나는 아직 생계를 유지하고 있지만
　믿어 다오, 그것은 우연일 따름이다. 내가
　하고 있는 그 어떤 행위도 나에게 배불리 먹을 권리를 주지 못한다.
　우연히 나는 살아남은 것이다. (나의 행운이 다하면, 나도 그만이다.)

　사람들은 나에게 말한다. 먹고 마셔라! 네가 그럴 수 있다는 것을 기뻐하라!
　그러나 내가 먹는 것이 굶주린 자에게서 빼앗은 것이고, 내가 마시는 물이 목마른 자에게 없는 것이라면
　어떻게 내가 먹고 마실 수 있겠느냐?
　그런데도 나는 먹고 마신다.

　나도 현명해지고 싶다. 옛날 책에는 무엇이 현명한 것인지 씌어져 있다.

베르톨트 브레히트, ≪살아남은 자의 슬픔≫

세상의 싸움에 끼어들지 말고 덧없는 세월을
두려움 없이 보내고
또한 폭력 없이 지내고
악을 선으로 갚고
자기의 소망을 충족시키려 하지 말고 망각하는 것이
현명한 것이라고.
이 모든 것을 나는 할 수 없으니,
참으로, 나는 암울한 시대에 살고 있구나!

(……)

우리가 잠겨 버린 밀물로부터
떠올라오게 될 너희들은
우리의 허약함을 이야기할 때
너희들이 겪지 않은
이 암울한 시대를
생각해다오.
신발보다도 더 자주 나라를 바꾸면서
불의만 있고 분노가 없을 때는 절망하면서

계급의 전쟁을 뚫고 우리는 살아오지 않았느냐.
그러면서 우리는 알게 되었단다.
비천함에 대한 증오도
표정을 일그러뜨린다는 것을.
불의에 대한 분노도
목소리를 쉬게 한다는 것을, 아, 우리는
친절한 우애를 위한 터전을 마련하고자 했었지만
우리 스스로가 친절하지 못했단다.

그러나 너희들은, 인간이 인간을 도와주는
그런 정도까지 되거든
관용하는 마음으로 우리를 생각해다오.
― <후손들에게> 중, 1934-38년

2005년 12월 28일

베르톨트 브레히트, ≪살아남은 자의 슬픔≫

지금 시가 없는 어디에서 그녀들은
최승자, ≪즐거운 일기≫

일찍이 시를 쓰겠다던, 문학을 하겠다던 — 아니 차마 쓰겠다고, 하겠다고 공언하지 못해 그저 시를, 문학을 가슴에 조심스레 품었던 — 스물 남짓 문청(文靑)들에게 — 특히 마음속 소녀를 어쩌지 못하고 어른이 된 그녀들에게 — 전설처럼 회자되는 한 이름이 있었으니, 시인 최승자(1952-).

물론 그 이름이 우리들의 유일한 이름은 아니었다 해도, 그녀가 시

속에서 토해 내는 고통과 괴로움은 너무나도 절절하고 지독한 것이어서, 너무나도 뜨겁고 또 차가운 것이어서, 하여 너무나도 아찔하고 아득하게 아름다운 것이어서, 우리들은 강의실에서, 거리에서, 술집에서, 깊은 밤 들끓는 불면의 침대 위에서 최승자의 시구들을 중얼중얼 주문처럼 되뇌곤 했다.

이상하지,
살아 있다는 건,
참 아슬아슬하게 아름다운 일이란다.
빈 들판에서 차갑고도 따스한 비를 맞고 있는 것 같지.
눈만 뜨면 신기로운 것들이
네 눈의 수정체 속으로 헤엄쳐 들어오고
때로 너는 두 팔 벌려, 환한 빗물을 받으며 미소 짓고……
이윽고 어느 날 너는 새로운 눈(眼)을 달고
세상으로 출근하리라.
— <20년 후에, 芝에게> 중

근본적으로 세계는 나에겐 공포였다.
나는 독 안에 든 쥐였고,

최승자, 《즐거운 일기》

독 안에 든 쥐라고 생각하는 쥐였고,
그래서 그 공포가 나를 잡아먹기 전에
지레 질려 먼저 앙앙대고 위협하는 쥐였다.
어쩌면 그 때문에 세계가 나를
잡아먹지 않을는지도 모른다는 기대에서……
— <악순환> 중

사랑해 사랑해 나는 네 입술을 빨고
내 등 뒤로, 일시에, 휘황하게
칸나들이 피어나는 소리.
멀리서 파도치는 또 한 대양과
또 한 대륙이 태어나는 소리.
— <시작> 중

죽을 때까지 당신들을 교묘히 속이겠어요.
당신들이 안녕히 속을 수 있기만을 바랄 뿐예요.

속이고 또 속일 수 없는 어느 순간
거짓말처럼 가비얍게

책의 연인

내 일평생을 건너뛰어 버리겠어요.
― 〈고백〉 중

    그러나 시집의 제목은 《즐거운 일기》. 인생의 어느 날, 기쁨과 희망보다 훨씬 더 많은 좌절과 방황과 상실과 슬픔이 우리를 기다리고 있다는 것을, 그것들이 너무도 쉽게 악몽과 공포로 둔갑해 우리의 숨통을 죄어들 수 있다는 것을 깨닫게 되는 인생의 어느 날, 그래도 그 어느 하루에 "즐거운 일기"라는 제목을 붙일 수밖에 없는 생의 비밀을 힘겹게 배워 가며, 어김없이 시간이 흐르고, 최승자의 시를 중얼거리던 우리들은 어느덧 서른을 넘어섰다. 그러나 서른이라는 시간은 이미 최승자가 말하였듯이, "이렇게 살 수도 없고, 이렇게 죽을 수도 없을 때" 찾아오는 나이였으니…… 강고한 침묵 속에서도 상처와 비명이 난무하는 "즐거운 일기"는 계속된다.

죽고 싶음의 절정에서
죽지 못한다, 혹은
죽지 않는다.
드라마가 되지 않고
비극이 되지 않고

최승자, 《즐거운 일기》

클라이막스가 되지 않는다.
되지 않는다,
그것이 내가 견뎌내야 할 비극이다.
시시하고 미미하고 지지하고 데데한 비극이다.
하지만 어쨌든 이 물을 건너갈 수밖에 없다.
맞은편에서 병신 같은 죽음이 날 기다리고 있다 할지라도.
— <비극> 중

우리들은, 세상 모든 그녀들은 야금야금 지쳐 버리고 말았다. 조금씩 조금씩 병들어 간다. 조금씩 조금씩 죽어 간다. 구원은 없고, 가장 놀라운 비극은 구원이 없음에도 삶이 계속된다는 것이다. 꿈 없이 깊고 깊은 잠을 자고 싶다는 바람만이 간절해진다.

두드려라, 안 열린다.
두드려라, 만에 하나 열릴지도 모르니까.
두드려라, 안 두드리면 심심하니까.

슬퍼하기 위해
내가 이 세상에 태어났을 때,

물러가라 모든 밝음
물러가라 모든 빛들
쉬잇, 우리 모두 조용히 하자.
흐르는 물결 위에서 그녀를
그대로 잠들게 하자.
— <시간 위에 몸 띄우고> 중

그래도 그녀들은 열심이었다. 그토록 열심이었던 위선도, 위악도 결국 사랑 때문이었다. 사랑을 믿었기 때문이었다. 사랑을 믿을 수 없게 된 다음에도 여전히 사랑을 믿지 않을 수 없는 그녀들의 미련한 미련, 가련한 시련, 참혹한 단련, 그러나 사랑! 모순을 넘어, 사랑마저 넘어, 계속 사랑할 수 있다면.

그대가 아무리 나를 사랑한다 해도
혹은 내가 아무리 그대를 사랑한다 해도
나는 오늘의 닭고기를 씹어야 하고
나는 오늘의 눈물을 삼켜야 한다.
그러므로 이젠 비유로써 말하지 말자.
모든 것은 콘크리트처럼 구체적이고

최승자, «즐거운 일기»

모든 것은 콘크리트 벽이다.
비유가 아니라 주먹이며,
주먹의 바스라짐이 있을 뿐,

(……)

가거라, 사랑인지 사람인지,
사랑한다는 것은 너를 위해 죽는 게 아니다.
사랑한다는 것은 너를 위해
살아,
기다리는 것이다,
다만 무참히 꺾여지기 위하여.
― <그리하여 어느 날, 사랑이여> 중

그녀들은 이제 피투성이다. 콘크리트 벽 앞에서 주먹이 바스라지고, 사랑을 증명하려고 무참히 꺾여 꽃병에 꽂혔다. 찢어지고 썩고 허물어지고 울고 문드러지고 떠돌고 꺼져 들어가고…… "이젠 비유로써 말하지 말자"라고 시인은 도리질을 쳤지만, 비유만이, 언어만이, 시만이 나약한 우리가 가진 거의 전부임을 그녀는 이미 잘 알고 있었다. 괴로운 목소리로, 애끓는 신음으로, 쓰디쓴 그리움으로 토해 내는 그 비유가, 그 시가, 그 노래가 사실 너무나 아름답다는 것은 이 세상에, 이 우주에 제법 널리 알려져 있는 비밀이다, 진실이다.

내게 새를 가르쳐 주시겠어요?
그러면 내 심장 속 새집의 열쇠를 빌려드릴게요.

내 몸을 맑은 시냇물 줄기로 휘감아 주시겠어요?
그러면 난 당신 몸 속을 작은 조약돌로 굴러다닐게요.

내 텃밭에 심을 푸른 씨앗이 되어 주시겠어요?
그러면 난 당신 창가로 기어올라 빨간 깨꽃으로
까꿍! 피어날게요.

엄하지만 다정한 내 아빠가 되어 주시겠어요?
그러면 난 너그럽고 순한 당신의 엄마가 되어드릴게요.

오늘 밤 내게 단 한 번의 깊은 입맞춤을 주시겠어요?
그러면 내일 아침에 예쁜 아이를 낳아드릴게요.

최승자, ≪즐거운 일기≫

그리고 어느 저녁 늦은 햇빛에 실려
내가 이 세상을 떠나갈 때에,
저무는 산 그림자보다 기인 눈빛으로
잠시만 나를 바래다주시겠어요?
그러면 난 뭇별들 사이에 그윽한 눈동자로 누워
밤마다 당신을 지켜봐드릴게요.
― <내게 새를 가르쳐 주시겠어요?>

욕망의 시간, 치욕의 시간, 흘러 흘러, 예전만큼 시를 읽지 않는 건 우리뿐만이 아니라 세상도 마찬가지였다. 많은 곳에서 시가 사라져 버렸다. 그러나 결코 생이 사라져 버린 것은 아니기에, 그녀들의 "즐거운 일기"는 오늘도 계속되고 있다. 물론, "즐거운 일기"는 비유다.

2006년 12월 10일

사랑을 잃고 나는 쓰네
기형도, ≪입 속의 검은 잎≫

기형도, ≪입 속의 검은 잎≫

 이번 글은 아주 사적(私的)이 되지 않을까 싶다. 내겐 매년 이맘때면 생각나는 남자가 있다(아니 사실은 평소에도 꽤 자주 그 남자를 생각한다). 아무튼 이맘때면 더더욱 그 남자가 생각나는 것이다. 한 번도 만난 적이 없는 남자인데도 말이다.
 이맘때 — 겨울, 하고도 늦은 겨울, 겨울의 끄트머리, 소설(小雪) 지나 대설(大雪), 소한(小寒) 지나 대한(大寒), 입춘(立春), 그리고 봄인가, 아니, 아직은 견뎌야 할 추위가 만만치 않지, 예쁜 이름을 보고 방심했다 맵게 감기를 앓게 하는 꽃샘이라는 추위, 꼬리가 긴 바람이 훑고 가는 어둡고 을씨년스러운 거리, 종종 때 아닌 폭설, 입춘 지난 지가 언젠데—하는 입버릇, 덜덜, 떨리는 게 아니라 으슬으슬, 움츠러들게 만드는 시린 공기, 그러나 바야흐로 졸업이나 입학, 이별이 곧 만남, 끝이 곧 시작이라는 상투적인 표현, 데면데면 새 학기, 온기 없는 공공건물의 냉랭한 복도, 해(年)를 넘겨 가며 물리도록 걸친 외투, 성급히 꺼내 입었다 낭패를 보기 일쑤인 봄빛 얇은 블라우스와 하늘거리는 스커트 자락들, 맨살에 오소소 돋는 소름, 아직은 분명히 추운, 봄 아닌 봄, 겨울인 봄…….

17년 전 '이맘때', 그 남자는 죽었다. 그의 이름은 기형도(1960-1989). '이맘때' 같은 삶을 살다 '이맘때' 같은 시를 쓰고 간 시인이다.

고백하건대, 일찍이 나는 일찍 죽은 남자들이 좋았다. 메멘토 모리. 어떤 사연으로든 아름다운 청춘에 져 버린 고결한 남자들 말이다. 또 일찍이 남자가 된 소년도 좋았다. 예컨대, 전혀 짓궂지 않은 태도와 말이 없고 수줍은 듯 내성적인 표정, 계단에 앉아 혹은 창가에 기대 책장을 넘기는 옆모습이 결코 인위적인 포즈가 아닌, 진지하고 섬세한 영혼을 가진 소년, 느물거리는 마초와는 가장 거리가 먼, 외유내강(外柔

內剛), 우물 속처럼 깊고 어두운 눈동자를 가진, 알고 보면 꽤나 까다롭기도 한, 마르고 가난한 멜랑콜리 소년. 그 소년을 해결하지 못한 채 그대로 어른이 되어 버린 남자가 나는 좋았던 것이다.

그러나 이 나라의 풍토에서 그런 남자는 물론 흔치 않았고, 현실에서 만나기란 더더욱 어려웠으므로, 나는 자주 절망했다. 그럴수록 더욱 열심히 그런 남자를 찾아 헤매었던(?) 것은 나 역시 공상에 빠지길 좋아하는 낭만 소녀를 해결하지 못한 채 어른인 여자가 되었기 때문일 것이다.

어찌어찌하여 그 이미지에 상당히 부합하는 기형도라는 남자를 찾아냈을 때, 그가 이미 죽은 남자라는 사실이 내겐 더없이 근사한 조건으로 여겨졌다. 그러므로 나는 그의 죽음에 대해 말할 자격이 거의 없다. 그를 처음 알게 된 스무 살 무렵이나 그로부터 십여 년이 흐른 지금까지도.

내가 아니어도 그를 좋아하는 사람은 이미 얼마든지 있었고, 내가 아니어도 그의 시와 그의 삶과 죽음은 여러 사람들의 입에 오르내렸다. 그 와중에 기형도는 슬프고 고독한 청춘의 신화가 되어 갔다. 다시 고백하건대, 이 글은 그와의 개인적인 추억을 더듬는 회고담이 아니며, 그의 시를 논하는 전문적인 비평은 더더욱 아니다. 나는 단 한 번도 만난 적이 없는, 그러나 내게 이상, 김수영이나 서정주와는 분명 다

기형도, 《입 속의 검은 잎》

를 수밖에 없는 한 죽은 시인에게, 영원히 미래완료형의 '불가능의 연인'이 되어 버린 한 남자에게 연서(戀書)를 쓰고 있는 것이다.

또 어찌어찌하여 그 십년 새 나는 그와 동종업계 종사자로 살아가게 되었다. 그리고 생전에 그와 가까웠던 그의 문우(文友)들을, 그의 각별한 친구였거나 끈끈한 선후배였던 시인 소설가들을, 영원히 청년으로 정지한 기형도와는 달리, 이제는 모두 중년이 된, 더 이상 젊지 않은 그들을 만나게 되었다. 아주 가끔 나는 그의 얘기를 그들에게 물어보았다. 아주 가끔 그들은 그의 얘기를 내게 해 주었다. 최루가스가 공기의 일부임을 의심할 수 없었던 20대를 보낸 그들은 자주 피로하고 쓸쓸해 보였다. 그러나 무엇도 결코 '함부로'이지 않게 하기 위해 여전히 시를, 소설을 쓰는 그들이었다. 겨울보다 추운 이른 봄날, 도시의 수상한 어둠 속에서 시를 쓰는 소중한 벗을 황망히 잃어버렸던 적이 있음을 잊지 않고 살아가고 있는 그들이었다.

인사동 카페 '평화만들기(문인들 사이에선 전설적인 이 장소도 최근에 자리를 옮겼다)'에서 결 고운 테너의 목소리로 그가 불렀다는 영화 <로미오와 줄리엣> — 레오나르도 디카프리오의 <로미오와 줄리엣>이 아닌, 그 옛날 올리비아 핫세의 <로미오와 줄리엣>이다 — 의 주제가, 어느 여름 기차 여행길에서 한 여인을 두고 티격태격 친구와 벌였다는 귀여운 말싸움, 죽기 얼마 전 어느 초상집에 찾아가 상주를 위로한답시고 싱긋 웃으며 그가 했다는 짧은 한마디. 깊고 어두운 눈동자로 내게 그 얘기를 들려주던 기형도를 사랑했던 사람들…….

　사랑을 잃고 나는 쓰네

　잘 있거라, 짧았던 밤들아
　창밖을 떠돌던 겨울 안개들아
　아무것도 모르는 촛불들아, 잘 있거라
　공포를 기다리던 흰 종이들아
　망설임을 대신하던 눈물들아
　잘 있거라, 더 이상 내 것이 아닌 열망들아

　장님처럼 나 이제 더듬거리며 문을 잠그네
　가엾은 내 사랑 빈집에 갇혔네
　　―〈빈집〉

　기형도의 시는 언제나 겨울이다. 봄도 여름도 가을도 겨울이다. 언제나 겨울이다. 아직도 추운 늦은 겨울이다.
　겨울을 위하여 누구나 한 개쯤 갖고 있다는 외투, 춥고 큰 방에서

기형도, 《입 속의 검은 잎》

혼자 울고 있는 서기(書記), 황폐한 내부를 숨기기 위해 크고 넓은 이파리들을 가득 피워 내는 나무들, 밤을 하얗게 새우며 두드린 생철 실로폰, 있는 힘을 다해 취한 사내들, 상장으로 종이배를 접어 띄워 버린 개천, 열무 삼십 단을 이고 시장에 가신 어머니, 멀수록 무서운 얼굴들, 수천의 마른 포도 이파리가 떠내려가던 놀라운 공중, 꿈의 뼈인 고드름, 저녁의 정거장에 멎은 검은 구름, 자욱한 안개의 강, 딱딱한 하늘, 오후 4시의 블라인드, 쌓이지 못하고 쓸려 날아가는 진눈깨비……. (이 연서의 수신자에게 이 구절들은 충분히 익숙할 것이므로 인용부호는 생략한다.)

"사랑을 잃고 나는 쓰네"라는 구절이 사랑을 잃었지만 그 사랑을 잊지는 못해, 결코 잊을 수는 없어 '쓴다'는 것임을, 스물아홉, 나는 그가 죽은 나이를 지나오면서 알게 되었다.

아직 나는 그의 무덤에 다녀오지 못했다. 이맘때는 언제나 너무 춥기 때문이다.

2006년 3월 10일

풀보다 먼저 일어서는 시인
최하림, ≪김수영 평전≫

최하림, ≪김수영 평전≫

김소월, 한용운, 윤동주, 서정주 등과는 너무나 다른 색깔과 목소리를 지니고 있지만, 그들과 마찬가지로 주저 없이 '국민시인'으로 불리는 김수영(1921-1968)이 한때 소설을 쓰고 싶어 했고, 실제 소설을 썼다는 것은 거의 알려지지 않은 사실이다. 물론 그의 소설은 공식적으로 발표되지 않았고 그는 다시 시 쓰기에 매진했다(짧은 분량의 소설 몇 편은 김수영 스스로 불태워 버렸고, 계획했던 장편 소설은 서두만을 쓰는데 그치고 말았다). 그러나 어쨌든 '시인 김수영'이 소설을 쓰고 싶어 했다는 점을 상기하는 것은 김수영과 김수영의 시를 더욱 잘 이해할 수 있는 단초를 제공한다.

서울, 서울, 서울에 오래 살면서 나는 서울이 무엇인지 모른다. 내가 소설을 써보려는 것도 이 알 수 없는 서울을 알려고 하는 괴로운 몸부림일 것이다. 알 듯 알 듯 하면서도 도저히 이해할 수 없는 이 서울은 무엇인가? 이 결론 없는 인생 같은 서울, 괴상하고 불쌍한 서울, 이 길고 긴 '서울'에서까지의 숨 가쁜 노정에서 잠시 땀이라도 씻고 가기 위한 짧고 안타까운 휴식 같은 것이 나의 소설일 것이다.

이것은 한국전쟁이 끝난 후 서울로 돌아온 김수영이 억지 춘향 격인 신문기자로, 번역료를 떼이기 일쑤인 번역가로 어렵게 생계를 꾸려 가던 무렵에 쓴 메모의 일부다. "서울을 알려고 하는 괴로운 몸부림" "서울에서까지의 숨 가쁜 노정"이란 말을 눈여겨볼 필요가 있다.

김수영은 일제 식민 지배가 고착된 후인 1921년 서울 종로에서 태어났다. 부유한 집안 환경 덕에 비록 병약하기는 했지만 부족함 없이 관심과 기대를 한 몸에 받으며 성장했다. 해방 전에는 일본 유학 길에 올랐다가 징병을 피해 만주로 피신, 다시 해방 후에 서울로 돌아와 여러 문인들과 교류하며 모더니즘으로 대표되는 새로운 문물을 향유하고 본격적으로 시를 쓰기 시작했다. 그러던 1950년 한국전쟁이 발발하고 피난을 떠나지 못한 채 서울에 남아 있던 김수영은 인민군에 의해 다른 문인들과 함께 북으로 끌려갔다. 그곳에서 강제징병되어 훈련을 받고 의용군으로 전장에 배치됐다. 여러 차례 죽을 고비를 넘긴 끝에 유엔군의 포로 신세가 된 김수영은 거제도 포로수용소에 억류된다. 영어에 능통했던 덕에 통역 담당이 되었지만 포로수용소에서의 체험은 진저리 치는 지옥 그 자체였다. 피난지인 부산에 머물다 전쟁이 끝난 후 가까스로 서울로 돌아왔지만, 완전히 폐허가 된 서울은 그에게 '아늑하고 푸근한 고향'일 수 없었다.

집안 대대로 서울 토박이인 김수영에게 서울은 고향, 그러나 언제나 '낯선 고향'이었다. 식민지가 되어 버린 고향에서 그는 남의 나라 말을 모국어처럼 읽고 쓰며 성장기를 보냈다. 유학으로, 피신으로, 전쟁으로 고향을 등졌다가 천신만고 끝에 다시 고향에 돌아와도 서울은 그에게 어머니의 따뜻한 품과 같은 정서적인 안정감을 주지 못했다. 대신 그를 기다리고 있던 것은 혼란과 혼돈, 아귀다툼 같은 이데올로기의 대립, 사회적 모순과 경제적 불안뿐이었다. 김수영은 환멸과 무기력에 빠져들었다. 서울은 그 자신이 표현한 대로 "결론 없는 인생" "괴상하고 불쌍한", 타향보다 낯선 고향이었던 것이다.

최하림, 《김수영 평전》

"서울을 알려고 하는 괴로운 몸부림"과 일제강점기, 해방 공간, 한국전쟁으로 이어지는 그 "숨 가쁜 노정"은 과연 시보다는 소설에 어울릴 만한 것이었다. 그러나 소설을 쓰려던 김수영의 바람은 이루어지지 않았다. 대신 그가 할 수 있었던 것은 마음속의 '산문적 열망'을 '시'로 승화시키는 일이었다. 시가 김수영의 진정한 도구였기 때문이다. 그는 자신의 고향인 서울에서 안락함과 푸근함을 느낄 수 없었지만 ─ 자신의 고향을 찬미하는 시를 지은 시인들이 얼마나 많은가 ─ 모순과 부조리로 점철된 인간과 역사의 모습을 똑똑히 지켜볼 수 있었다. 김수영은 특유의 커다란 두 눈을 부릅뜨고, 분노와 자유를 가슴에 담고, 고향인 서울을, 그 격동의 현장을 지켜보았다. 그것이 우리가 "어째서 자유에는 / 피의 냄새가 섞여 있는가를"이나, "혁명은 / 왜 고독해야 하는 것인가를" 등의 시구를 기억하는 이유다. 그러나 우리가 아는 것처럼 결국 혁명은 미완으로 그쳤고, 김수영은 절망 속에서 군사독재의 시작을 지켜봐야 했다.

김수영은 불같이 뜨거운 기질을 가진 사람이었다. 넘치는 에너지와 매력의 소유자이기도 했지만, 정서적으로 불안정했으며 극단적인 성격과 폭음, 기행 등으로 가까운 사람들을 적잖이 힘겹게 했다. 반복되는 우울과 무력감으로 스스로도 고통받았다. 물론 그러한 것들은 창작의 동력이 되어 불멸의 시를 탄생시켰고 빛나는 예술적 성취도 이

뤘다. 그러나 '시인 김수영'이 아닌 '인간 김수영'은 우리 모두와 마찬가지로 외롭고 불완전한 인간이었다.

≪김수영 평전≫은 뜨거운 격정과 치열한 예술 정신으로 시인 김수영을 그리면서도, 동시에 객관적인 시선과 균형 잡힌 목소리로 인간 김수영을 말하고 있다. 그것은 이 책이 역시 당대의 시인 최하림에 의해 쓰였기 때문일지 모른다. 행간 곳곳에서 김수영을 향한 지극한 애정과 같은 시인으로서 고민하고 공감하는 삶의 진실들이 묻어난다. 그러나 최하림은 김수영을 찬양하지는 않는다. "시는 새로운 면만을 담는 그릇이 아니다. 시대를 증명하는 목소리도 아니다. 시는 인간의 정서적이며 지적인 어떤 정신과 기능의 통일체다"라고 말하며 그는 숨는 듯 드러나는 저자로 시인으로서의 김수영과 인간으로서의 김수영을 조화롭게 아우르고 있다. 나아가 이 평전은 한 인간의 전부, 그 모든 것을 온전하고 완벽하게 재현하고 표현하는 것이 불가능하다는 것을 인정함으로써 독자에게 신뢰를 얻는 평전의 모범을 보이고 있다.

앞서 말한 대로 김수영은 한때 소설을 쓰고 싶어 했다. 또한 김수영은 우리와 마찬가지로 누군가의 아들이었고, 누군가의 아버지였고, 남편이었고, 형제였고, 연인이었고, 친구였다. 직장을 그만둔 후 집에 닭장을 짓고 양계를 업으로 삼기도 했고, 신문을 통해 문사들과 논쟁

최하림, ≪김수영 평전≫

을 벌이기도 했고, 술에 취해 서울의 쓸쓸한 밤거리를 비틀비틀 걸어다니기도 했다. 그러나 그는 분명 시인이었다. 이름뿐인, 허울뿐인 시인이 아니라 가슴으로 시를 쓰는 진정한 시인이었다. 그의 시들과 이 책이 그것을 증명한다.

   그가 쓴 시처럼 "풀은 바람보다 먼저 눕고 바람보다 먼저 울고 바람보다 먼저 일어선다." 그러나 그런 풀보다 먼저 눕고 먼저 울고 먼저 일어서는, 김수영, 그는 시인이다.

2006년 7월 12일

시인의 사유, 지구의 꿈
이성복, ≪오름 오르다≫

이성복, ≪오름 오르다≫

우리는 가끔 우리를 압도하는, 말 그대로 외마디 감탄사로밖에 표현할 수 없는 자연경관과 마주하게 된다. 만년설에 뒤덮인 해발 수천 미터의 고산이나 거친 모래 폭풍이 불어오는 황량한 사막, 깎아지른 붉은 협곡과 가도 가도 끝이 없는 망망대해. 우리는 개마고원이나 이과수 폭포나 그랜드캐니언이란 이름을, 남극의 오로라와 아마존의 정글과 스칸디나비아의 피오르드를 알고 있다. 그런 자연경관을 접할 때면 '조물주의 신비'라는 진부하지만 수긍할 수밖에 없는 관용적인 표현을 하릴없이 사용하게 되는 것이다.

감탄이나 찬미 대신 충격이나 경악으로 다가오는 자연도 있다. 자연은 종종 단순한 풍광을 넘어 강력한 현상으로 제 존재를 드러내기도 한다. 모든 것을 한순간에 휩쓸어 버리며 엄청난 재앙을 불러일으키는 폭우와 가뭄, 또 위력적인 지진이나 해일 앞에서 인간은 자신이 이룩해 놓은 고도의 문명이 무색해질 정도로 나약한 존재가 되고 만다. 찬미의 대상이면서 동시에 두려움과 절망으로 다가오는 자연에 대해 인간은 모순과 혼란을 느낀다. 그러나 시인 이성복은 다음과 같이 말한다.

완벽은 인간의 꿈이지 자연의 몫이 아니다. 자연은 완벽을 꿈꿀 만큼 어리석지 않다. 자연이 어리석게 보이는 순간조차, 어리석음은 자연을 이해하지 못하는 인간의 몫이다. 인간의 지혜는 자연이 가장 어리석어 보이는 순간에도 더할 나위 없이 지혜롭다는 사실을 받아들이는 데 있다.

롤랑 바르트는 자신의 저서 《카메라 루시다》에서 가장 놀라운 힘을 발휘하는 사진이란 "감탄이나 충격을 불러일으키는 사진"이 아니라 "생각에 잠기게 하는 사진"이라고 주장한 바 있다. 그것이 바로 우리가 종종 전쟁의 잔인한 참상을 고발하는 한 장의 보도사진보다, 오래된 사진첩에서 우연히 발견한 어머니의 소녀 시절이 담긴 빛바랜 흑백사진에 더욱 마음이 가는 이유일 것이다. 그 사진의 구도나 노출이 결코 훌륭하다고 할 수 없음에도 우리는 수줍은 미소를 짓고 있는 열다섯의 단발머리 어머니를 두고두고 떠올리게 된다.

오래도록 생각에 잠기게 한다는 것. 그것은 분명 한순간의 강렬한 압도 이상으로 특별한 힘을 가지고 있다. 아마도 인간에게는 일시적인 충격보다 깊은 사유가 더욱 가치 있는 것이기 때문일지 모른다.

압도하는 자연이 아닌 '사유하게 하는 자연' — 시인 이성복은 그것의 본보기를 제주도의 기생화산인 '오름'에서 찾고 있다. 잘 알려진 대로 제주는 오래전 화산 폭발로 생겨난 섬이며, 제주의 상징이라 할 수 있는 한라산이 그 중심에 자리하고 있다. 오름이란 "야트막한 동산 모양의 기생화산"을 가리키는 제주 방언으로, 제주에는 한라산 기슭에서부터 섬 전역에 걸쳐 모두 368개의 오름이 산재해 있다. 얼핏 신라 경주의 거대한 왕릉들을 떠올리게도 하는 오름은 오직 제주에서만 볼 수 있는 독특한 자연경관으로, 자연 생태의 보고인 동시에 제주 사람들만의 역사와 정서가 깃든 삶의 터전이자 영혼의 안식처로 여겨지고 있다.

이성복, 《오름 오르다》

이성복은 먼저 제주의 사진작가 고남수가 찍은 오름 사진들을 접하게 된다. 그리고 거기에 자신이 직접 제주를 여행하면서 본 오름의 모습을 더해 '생각에 잠기고', 삶의 의미와 예술의 가치에 대해 '사유'한다. 부드럽고 완만하게 솟아오르고 흘러내리는, 그러면서도 육중한 몸짓으로 굳건히 대지를 딛고 넉넉히 하늘을 떠받드는 오름 특유의 곡선은 한국의 전통적인 태극 문양을, 아름다운 여인의 풍만한 몸매를, 파충류나 양서류의 죄 없는 두 눈을, 굴곡 많은 인생 역정 끝에 모진 병을 얻어 복수가 차오른 피붙이의 부푼 배를 우선 떠올리게 한다. 그런 후에 그것은 시인의 눈 맑은 영혼을 통해 삶과 죽음, 인간과 자연, 미(美)와 시(詩)의 진정한 가치에 접근한다.

기껏해야 언어는 풀잎이 풀잎답다거나 갈대가 갈대답다는 동어반복으로써 대상 앞에서의 무력감을 표현할 뿐이다. 그 무력감의 고백이야말로 언어가 할 수 있는 최선의 선택이며, 그 겸허한 결단에 의해 대상은 관념과 이미지로 이루어진 언어의 감옥으로부터 해방된다. 그런 점에서 언어의 자기부정을 통해 사물의 본성을 드러내는 시 또한 '살신성인'의 결과라 할 수 있다.

이성복의 산문 《오름 오르다》는 한때 뜨거운 용암으로 들끓었던 땅 속 깊이 지구의 오랜 꿈과 아름다운 기억이 감춰져 있음을 깨닫게 한다. 그리고 우리는 그 꿈과 기억을 언어라는 도구로 조심스럽게 발굴해 내는 것이 바로 시인이란 존재임을 알게 된다.

달리 말하자면 아름다움은 자연에 가장 가까이 다가가는 것이다. 허물어져 가는 봉분이나 습기 먹어 곰팡이 핀 벽이 아름답게 보이는 것은 그것들이 이미 자연의 경계 안으로 들어섰다는 것을 의미한다. 인간은 결코 아름다움을 만들어낼 수 없지만, 그러나 드러나게 할 수는 있다. 그것은 무엇보다 아름다움이 자연에 속해 있기 때문이다. 하지만 인간은 자연에서뿐만 아니라, 인간 안에서도 아름다움을 드러낼 수 있다. 그것은 물론 인간 자신이 자연의 일부이기 때문이다. 요컨대 아름다움은 창조하는 것이 아니라 발견하는 것이며, 궁극적인 발견은 이 세상 어느 것도 자기 손으로는 만들어낼 수 없다는 발견이다.

시인은 사유하고 지구는 꿈을 꾼다. 아니 어쩌면 시인이 끊임없이 치열하게 사유하기 때문에 지구가 계속 아름다운 꿈을 꿀 수 있는 건지도 모를 일이다.

이를테면 세계 안에서 예술은 끝이 보이지 않는 동굴 속에서 지르

이성복, 《오름 오르다》

는 외마디 소리와 같다. 그 소리는 영문도 모른 채 갇혀 있는, 혹은 보다 정확히 말해 영문도 모른 채 갇힌 상태로 태어나는 인간의 온갖 슬픔이 버무려진 비명인 동시에, 어딘가에 있을지도 모르는 출구를 향한 구원의 울부짖음일 것이다. 그러나 벽에 부딪쳐 돌아 나오는 그 소리는 때로 몹시도 아름다워서, 그 소리를 지르게 만들었던 슬픔조차 가라앉히고 끝내 찾을 수 없는 출구, 애초에 있지도 않은 출구를 대신하기도 한다. 요컨대 슬픔의 극단에서 인간의 입에서 터져 나온 울부짖음은 더할 나위 없이 고운 소리로 그의 귀에 되돌아오는 것이다. 따지고 보면 그 울음이 음악으로 바뀔 수 있었던 것은 동굴의 입구와 출구가 철저히 폐쇄되어 있기 때문이다. 트인 동굴에서였다면 비명 소리를 내지를 리 없고, 질렀다 해도 그 소리가 그토록 아름다운 메아리로 돌아올 수 없었을 것이다.

2006년 4월 20일

기다려라, 스페인!
김혜순, 《들끓는 사랑》

김혜순, 《들끓는 사랑》

늘 머릿속을 맴도는 몇 개의 문장 중에 하나가 바로 '여행을 가야 한다!'라는 말이다. 어두운 골목길을 걷다 문득, 늦은 아침 찌뿌드드한 몸을 일으키다 말고 문득, 찬바람 속에서 오래도록 버스를 기다리다 문득, 해야 할 일거리들로 어지러운 책상 앞에 앉아 있다 문득, 탄식 같은 한숨처럼, 짐짓 절박한 깨달음처럼 혼잣말을 중얼거리게 되는 것이다. 여행을 가야 한다!

그 말이 '여행을 가고 싶다'라는 막연한 희망 사항에 그치지 않고 '여행을 가야 한다'라는 의무의 뉘앙스를 풍기는 것은 아무래도 '작가'라는 직업상의 이유 때문일 것이다. 어떤 분야든 창작자에게 있어 '새로운 자극을 통해 얻는 영감(靈感)'이란 절대적으로 필요한 창조의 원천이다. 새로운 자극과 영감이 반드시 여행을 통해서만 얻어지는 것은 아니지만, 여행만큼 새로운 자극과 영감을 얻기에 좋은 기회도 흔치 않다.

그러므로 창작자나 예술가에게 있어 여행이란 단순한 휴양이나 유람일 수 없다. 여행이 그저 관광에 그쳐서는 안 되는 것이다. 그들에게 여행은 신성한 노동의 연장(延長)이다. 여행을 함에 있어 예술가들은 그 어느 때보다 맑고 또렷하게 깨어 있어야 한다. 모든 감각의 촉수를 활짝 열어 열과 성을 다해 보고 듣고 느끼고 생각해야 하는 것이다. 그러면 그토록 예민한 영혼이 잡아낸 원석(原石)과도 같은 무언가가, 그 원리를 설명할 수 없는 신비의 과정을 거쳐 감미로운 선율로, 절절한 문장으로, 아름다운 화폭으로 변하기도 하는 것이다.

여행 경험이 많다는 것은 크나큰 재산임에 분명하다. 때문에 누군가의 풍요로운 여행담을 접할 때면 유달리 부러움과 질투를 느끼곤 한다. 그것은 여행에 관해 아직 변변한 재산가가 아니라는 뜻도 되겠지만, 스스로 '돈 욕심' 보다는 '여행 욕심'이 많다는 인간적인 결론으로 위안을 얻는 계기가 되기도 한다. 속물근성 없이 지고지순 고결한 인생을 살고 있다고는 말할 수 없지만 당장 얼마간의 돈이 생긴다면 뭘 하겠느냐는 질문에는 주저 없이 여행을 떠나겠다고 답할 것이다. 눈여겨봐 두었던 명품 가방이나 블루칩 스톡옵션을 사는 것 대신에 말이다. 감쪽같은 성형수술이나 최신의 벽걸이 티브이 대신, 나는 여행을 떠나고 싶다. 진심이다.

아직 실현되지 않은 여행을 계획하고 상상하는 것도 지난 여행을 돌이켜 보고 추억하는 것만큼이나 즐거운 일이다. 실망과 변수가 기다리고 있을지언정 기대와 설렘은 여행에 있어서 빼놓을 수 없는 요소다. 물론 유년 시절 살았던 동네를 오랜만에 찾아가 보는 한나절 짧은 외출에서부터, 전 재산을 털어 과감히 결행하는 세계 일주까지 여행의 종류와 형태는 다양하기 이를 데 없다. 그러나 어쨌든 여행을 꿈꾸는 사람이라면 반드시 해보리라 계획하고 있는 여행이 있기 마련이다. 마음을 먹고 각오하기까지가 망설여지는 여행일수록, 알맞은 준비와 적절한 조건이 갖추어지기까지가 쉽지 않은 여행일수록 그에 대한 꿈은 간절해진다.

내 경우 '스페인'이 바로 그런 여행지다. 스페인을 여행하게 된다면 몸도 마음도 단단히 채비를 하고 짧지 않은 일정으로 반드시 일주를 해야 한다고 생각하고 있다. 스페인을 오랫동안 흠모해 왔다거나 그곳

김혜순, «들끓는 사랑»

을 파라다이스로 생각하고 있기 때문이 아니다. 일주를 하며 구석구석 살펴보고 싶은 나라가 스페인뿐인 것도 아니다.

스페인은 단연 압도적인 개성을 가진 나라다. 너무나 확고하고 뚜렷한 개성이 버겁게까지 느껴지는 나라다. 단순히 진기한 볼거리가 많기 때문에 스페인으로 전 세계의 여행객들이 몰려드는 것이 아니다. 스페인은 지구상의 그 어느 나라와도 닮지 않았다. 스페인의 역사, 문화, 전통, 예술은 오로지 스페인만의 것이다. 그 개성의 핵심은 스페인 전체를 감싸고 있는 특유의 기운, 그 자체다. 스페인은 괴상하고 음울하고 탐욕스럽고 황량하다. 그러면서도 경이롭고 뜨겁고 황홀하고 아름답다.

스페인에는 살아 움직일 것 같은 집을 지은 아방가르드 건축가 가우디가 있고, 풍차를 향해 돌진하는 세르반테스의 기사 돈 키호테가 있고, 슬프면서도 격정적인 집시의 플라멩코가 있고, 선혈이 낭자하는 잔인한 축제인 투우가 있고, 역사상 가장 정력적인 화가 피카소가 있고, 너무나 아름다워 파괴할 수 없었던 적(敵)의 성지인 알함브라 궁전이 있고, 피비린내 진동하는 내전과 독재와 탄압의 역사가 있고, 대서양과 남미를 제패했던 무적함대가 있고, 머리꼭지가 이글거리는 뜨거운 오후의 시에스타가 있고, 우울과 고통과 죽음에 웃음과 배짱과 예술혼으로 맞선 귀머거리 화가 고야가 있다. 벨라스케스와 달리와 미로가 있고, 로르카라는 시인도 있다. 마드리드, 바르셀로나, 게르니카, 그라나다, 코르도바, 세고비아, 안달루시아라는 이름의 땅들……. 또한 잘 알려진 대로 미치광이처럼 날뛰는 축구 팬들도 있다. 그들이 스페인을 만들었다기보다는 스페인이 그들을 만들었다.

  스페인을 가 보지 않고도, 이 정도의 얕은 지식을 갖게 된 것만으로도 왠지 기진맥진해지는 듯한 느낌이다. 스페인이라는 에너지를 이루고 있는 그 놀라운 개성 하나하나가 모두 제각각의 강렬한 우주를 품고 있기 때문일 것이다. 언젠가 정말 스페인을 일주하게 된다면 그것은 스페인이라는 거대한 은하계를 탐사하는 흥미진진한 모험이 될 것이다. 어쩌면 무모하고 위험천만한 여행이 될지도 모를 일이다. 아무튼 기다려라, 스페인!

  부럽게도 그 모험을 이미 감행한 시인 김혜순은 《들끓는 사랑》 ─ 스페인 여행기로 이보다 더 적절한 제목은 있을 수 없다! ─ 에서 자신을 '도냐 키호타'로 명명(命名)한다. 도냐 키호타란 돈 키호테의 여성 명사다. 또한 화가 지망생이자 사춘기 소녀인 자신의 딸은 고분고분하지만은 않은 '산초 판자'가 된다.

    내 딸과 나는 스페인을 종횡무진 누비고 나서 스페인 중독자가 되었다. 우리는 어느 기간에 앓았던 병처럼, 아니 기억하지도 못할 광증의

김혜순, 《들끓는 사랑》

기간처럼 스페인이라는 땅에 귀신들렸다. 나는 그 광증의 시간이 내 몸 속에서 다 녹아 버리기 전에 이 글을 쓰고 싶었던 것 같다.

　이 책을 펼치면 종횡무진 스페인을 누비는 뜨거운 여름날의 모험이 시작된다. 둘시네아 공주를 구하기 위해 풍차를 향해 돌진하는 시인 엄마와 소녀 딸! "고통을 끓여 웃음을 만드는", 그들의 모습은 바로 스페인을 닮았다.

2006년 3월 22일

그녀는 예뻤다
황인숙, 《인숙만필》

황인숙, 《인숙만필》

어느 일본 작가의 신문을 읽다가 '소확행'이란 단어를 알게 됐다. 소확행(小確幸), 말 그대로 '작지만 확실한 행복'이란 뜻을 가진 조어(造語)다. 그 작가는 자신이 일상 속에서 누리는 소확행 몇 가지를 소개하고 있었는데 — 하루 일과를 마치고 신선한 날두부에 차가운 맥주를 곁들여 먹는 일, 서랍 속에 하얗고 깨끗한 속옷을 차곡차곡 개켜 두었다가 하나씩 꺼내 입는 일, 고즈넉한 오후에 조용한 레스토랑 창가에서 안톤 체호프를 읽는 일, 겨우내 낡고 푸근한 더플코트를 입고 다니는 일…… 그런 것들이었다.

자연스럽게 '나만의 소확행은 뭘까'를 생각하게 만드는 글이었다. 그런 자극을 받은 사람이 한둘은 아니었던지, 블로그와 미니홈피 검색창에 '소확행'이란 단어를 치자 줄줄이 '소확행 리스트'들이 떴다. "한밤 중 부엌 바닥에 무릎을 끌어안고 앉아 담배를 피우는 일"에서부터 "지우개가 달린 연필 다섯 자루를 차례차례 뾰족하게 깎는 일" "옥상 위에 이어폰을 끼고 누워 하늘을 올려다보며 스매싱 펌킨스를 듣는 일" "갓 구워 낸 스콘에 딸기잼을 듬뿍 발라 먹는 일"까지. 모두 누군가의 작지만 확실한 행복이었다.

그런데, 이러한 것은 그저 하찮은 것일까? 사소하고 시시하고 지극히 개인적일 뿐, 특별한 의미를 갖기는 어려운 것일까? 아니, 결코 아니라는 말을 하고 싶다.

우리의 삶은 작은 즐거움과 작은 괴로움에 의해 좌우된다. 우리가 미처 깨닫지 못하고 있다 하더라도 정녕 그렇다. 하여 무엇이 자신에게 즐거움을 주고 괴로움을 주는가 하는 것을 주의 깊게 살펴보는 일은, 뜻밖에도 자아(自我)라는 거창한 개념과 맞닿게 된다.

'근대'는 곧 '개인'을 의미한다. 그러나 과거의 우리는 근대를 '빽빽한 빌딩숲'이나 '분주한 컨베이어벨트' '일사불란한 매스게임' 혹은

'상급학교 진학'이나 '땅값 상승' '유행 따라잡기' 등으로 오해해 숱한 갈등과 모순과 부작용을 양산했다(물론 아직까지도 근대에 대한 오해는 계속되고 있다). 사소한 즐거움과 사소한 괴로움에서 시작되는 자아라는 개념에 좀 더 깊고 진지한 성찰이 있었더라면, 우리 근대의 모습은 많이 달라졌을 것이다. 질(質)이 달라졌을 것이다.

결국 중요한 것은 '개성'이다. 개성이란 근대인이 갖추어야 할 최고의 미덕이자 최상의 품위다. 그러나 개성 역시 근대와 마찬가지로 숱한 오해에 시달리는 단어다. 개성은 곧잘 방종을 합리화하기 위한 핑계로 전락한다. 육체와 정신과 영혼까지, 자신만의 독특한 스타일을 창조한다는 것은 결코 쉬운 일이 아니다. 진정한 개성을 갖춘 독립적인 인간이 된다는 것은 어쩌면 자신의 전부를 걸고 평생에 걸쳐 이룩해야 하는 어려운 일일지도 모른다.

시인 황인숙의 산문집 《인숙만필》은 한 온전한 개성의 모범 사례다. 이 책은 개성이라는 것이 '튀는' '유별난' '압도적인' 등의 수식어 없이도 얼마든지 자연스럽게 존재할 수 있음을 보여 주고 있다.

황인숙은 전업 문인이자 독신 여성이자 독서광이자 한자맹이자 자가용과 휴대폰을 사용하지 않는 것에 큰 불편을 느끼지 않는 자기 자신을 글을 통해 자연스럽게 드러낸다. 그녀는 한밤중에 방 안에 들끓

황인숙, 《인숙만필》

는 개미떼와 실랑이를 벌이기도 하고, 신실한 기독교 신자인 동네 아가씨가 운영하는 '다비다 미용실'에서 파마를 하기도 하고, 늦은 가을 아그네스 발차의 음악을 듣고, 포도주를 사 들고 친구들과 함께 남산 야외식물원으로 피크닉을 간다. 21세기의 서울에서 황인숙은 자신만의 속도로 천천히 움직이며, 삶의 순간순간을 깊이 음미하며 살아간다. 그리고 시가 되지 않은 일상의 소소한 단편들을 자신의 개성과 무리 없이 조화시켜 산문을 쓰고, 그녀의 글을 읽는 독자로 하여금 그 다감한 존재들의 생생한 질감을 느끼게 한다.

《인숙만필》의 문체는 단순하고 경쾌하며 물이 흐르듯 막힘이 없다. 꾸밈없이 정갈하고 담백한 맛을 내는 한 그릇 국수 같다. 얼핏 누구나 쓸 수 있을 것처럼 쉽게 읽히지만, 실제로는 고난이도의 필력과 내공을 요구하는 문장들인 것이다. 황인숙의 짧은 산문들은 무엇에도 구애받지 않으며, 아무것도 구속하려 들지 않는다. 힘을 주어 뭔가 거창한 관점을 피력한다든지, 애써 교훈을 주려한다든지, 강박처럼 깨달음을 얻으려 한다든지 하는 인위를 찾아볼 수 없다. 그럼에도 불구하고 그녀의 글은 공허하지 않다. 심심하지 않다. 여유롭고 사랑스럽다. 바로 황인숙 자신이 그런 사람이기 때문일 가능성이 높다.

《인숙만필》에는 황인숙의 '소확행'이 가득하다. 사소한 즐거움과 사소한 괴로움이 가득하다. 그녀는 자신이 좋아하는 트럼프 놀이의 종류를 쭉 늘어놓은 다음 괄호 안에 "이 종목들을 읊노라니 가슴이 뛴다"라고 쓴다. 또 새벽 2시에 '킴스클럽'에서 사 온 '옛날식 아이스케키, 블루베리 요플레, 김치 5킬로그램, 바나나 한 송이, 티백보리차 한 곽, 탈지분유 한 봉지'를 흐뭇하게 음미한다. 다이어트를 위해 등록한 헬스클럽에서 그녀가 가장 좋아하는 운동기구는 거꾸로 매달려 물구나무서기를 할 수 있는 기구이고, 추위를 많이 타면서도 양말이라면 질색인 그녀는 거의 언제나 맨발을 고수한다.

자신을 있는 그대로 자연스럽게 드러내고, 또 자연스럽게 감추는 일이란 사실 너무나도 어려운 일이다. 글을 통해서라면 더욱 그렇다. 《인숙만필》의 72쪽에는 "나는 한 번도 예뻐본 적이 없다"라는 문장이 나온다. 그러나 《인숙만필》을 읽은 사람이라면 누구나 동의할 것이다. 그녀는 예쁘다.

평온한 얼굴에 근사한 미소를 짓고 있는 사람이 있다면, 그 사람은 보기와는 달리 악전고투와도 같은 성찰의 시간을 통해 빛나는 개성을 얻은 사람일 가능성이 높다.

2005년 10월 11일

황인숙, 《인숙만필》

책의 연인

III

책의 연인

한스 코흐가 가방을 뒤지면서 이렇게 말했다. "부활절 선물을 가져왔어요." 그건 내가 페터에게 주었던 자그마한 괴테의 책이었다.
내가 그 책을 다시 찾게 되다니! 2년 전 10월 12일, 뵌스도르프의 작은 제과점에서 나는 페터와 에리히와 함께 앉아 있었다. 그 때 두 아이에게 괴테의 책을 선물했었다. 책에다가는 '1914년 10월'이라고 적었었다. 에리히가 아직 읽어보지 않았다고 해서 파우스트 1부를 가져갔었고, 나의 페터가 2부를 가져갔었다. 그런데 같은 책의 1권을 지금 한스 코흐가 내게 돌려주었다.
사랑스런 그 아이의 손이 이 책에 닿았었다. 내가 찾은 마지막 꽃인 수염패랭이 두 송이를 페터에게 주었다. 페터가 에리히를 보면서 그 중 한 송이를 갖지 않겠느냐고 묻는 듯했다. 나는 "이건 둘 다 네가 가지렴." 하고 말했다. 문밖에서 나는 그 애한테 그 꽃을 꽂아주었다.

― 캐테 콜비츠의 1916년 4월 22일의 일기, 《캐테 콜비츠》 중에서

그림, 시대, 인간
서경식, 《청춘의 사신》

책의 연인

'명화를 감상한다'는 말이 너무 거창하다면, '그림을 본다'라는 말을 써 보자. 도대체 '그림을 본다'라는 것은 어떤 의미를 갖는 일일까. 그것은 '책을 읽는다'나 '음악을 듣는다'나 '자연을 느낀다'와 어떻게 같고 또 어떻게 다른 일일까.

우선 간과해서는 안 될 점이 있다. 보고, 읽고, 듣고, 느낀다는 것에는 '무엇을'이라는 목적어 외에도, '누가'라는 주어가 반드시 필요하다. 그 행위들의 의미를 결정하는 것은 어쩌면 텍스트 자체가 아니라 바로 우리 자신일지 모른다.

"유럽으로 그림을 보러 간다고? 그림은 봐서 뭣 하게?"
"그렇게 하는 것이 아무래도 나한테는 꼭 필요하다."

그림 감상의 목적을 묻는 질문에 얼버무리듯 애매한 대답을 하고 만 어느 감상자의 경우는 어떨까.

서경식(1951-)은 남다른 그림 감상자다. 그는 화가도 아니고 미술 이론 전공자도 아니다. 평론가가 되기 위해 본격적으로 그림 감상에 매달린 것도 아니다. 그는 일본 교토 출신의 재일 조선인이다. 그의 이력을 설명하는 데 있어 빼놓을 수 없는 것이 바로 그의 형제들이다. 1971년 당시 대학생 신분으로 서울에 유학 중이던 서경식의 두 형 서승과 서준식은 간첩 혐의를 받고 체포되었다. 반공 이데올로기가 지배하던 서슬 퍼런 군사독재정권하에서 그들은 정치범으로 그 끝을 알 수 없는 수감 생활에 들어갔다. 물론 일본에 있던 동생 서경식과 다른 가족들의 삶 역시 감옥에 갇혀 버린 것과 마찬가지였다. 자신도 형들처럼 고국으로 건너가 훗날 뭔가 의미 있는 일을 해 보고 싶다는 생각을 하고 있던 청년 서경식의 꿈은 감당하기 힘든 절망 속에서 일그러

서경식, 《청춘의 사신》

지고 뒤틀려 버렸다.

"그렇게 하는 것이 아무래도 나한테는 꼭 필요하다"라는 대답을 남기고 그림을 보기 위해 처음 유럽 여행길에 오른 것은 서경식의 나이 서른둘, 그의 형들이 감옥에 갇힌 지 12년의 세월이 흐른 뒤의 일이었다.

나는 지하실에 처넣어진 듯한 기분을 느끼고 있었다. 그 지하실은 어둡고 눅눅하고, 게다가 공기가 점점 희박해져간다. 사방이 꽉 막힌 이 상황이 처음에는 2-3년쯤 갈 것으로 예상했는데, 5년이 지나고 7년이 지나고 10년이 지나도 끝날 낌새를 보이지 않았다. 그 사이 어머니도 아버지도 절망한 채 세상을 떠나셨다.

서경식은 유럽에서 수많은 그림들을 보았다. 그 감상이 어떤 의미를 갖는가는 과연 그 행위의 주체인 그 자신에 의해 결정되었다.

나에게 예술은 그 숨 막히는 지하실에 뚫린 작은 창문 같은 것이었다. 이제 와서는 그렇게 생각한다. 작은 창문은 벽 높은 곳에 있어서 바깥 경치는 보이지 않지만, 하늘의 색깔 변화와 공기가 흐르는 기미는 느낄 수 있었다. 손은 닿지 않고, 창문으로 도망칠 수도 없지만, 그 작은 창문 덕에 살아 있을 수 있었다.

《청춘의 사신》은 서경식의 두 번째 미술 평론집으로 20세기 현대 회화들을 텍스트로 다루고 있다. 첫 번째 책인 《나의 서양미술 순례》에서 그가 다룬 작품들은 주로 중세와 근대 이전의 작품들이었다. 서경식이 두 책을 내는 사이 20세기가 막바지에 다다랐고, 그의 두 형들은 20여 년의 감옥 생활 끝에 결국 석방되었다. 서경식은 《청춘의 사신》에서 자신과 가족의 기구한 운명이 비롯된 20세기라는 시대의 역사적 의미를 미술 작품을 통해 고찰하고 있다. 책의 부제는 "20세기의 악몽과 온몸으로 싸운 화가들"이다.

그는 20세기를 "세계대전, 대량학살, 그리고 난민의 시대"라고 규정한다. 20세기가 이룩한 엄청난 부의 축적과 과학 기술의 혁신적인 발달, 그리고 새롭게 대두된 이데올로기들은 분명 진보와 번영을 가져왔다. 그러나 우리는 인류가 그와는 비교할 수 없을 정도의 막대한 고통과 절망을 그 대가로 치러야만 했음을 알고 있다. 물론 21세기에 들어서도 인류는 여전히 그 대가를 치르고 있는 중이다.

《청춘의 사신》은 우리에게 분명히 일깨워 준다. 피카소, 뭉크, 클림트, 콜비츠, 클레 같은 화가들이 얼마나 힘겹게 시대의 광기와 맞섰는가를, 그들이 캔버스 위에서 얼마나 치열한 사투를 벌였는가를 우

서경식, 《청춘의 사신》

리는 알게 된다. 키르히너, 코코슈카, 코린트, 실레, 샨 같은 화가들이 예술가의 예민함으로 우리에게 끝없이 경고의 메시지를 보냈다는 사실을, 부조리한 시대와 부대끼며 그들이 '더 많이 느끼는 자'로 감당해야 했던 지독한 고통을……. 그들의 작품은 20세기의 악몽을 생생하게 증명하고 있고, 깊은 통찰력을 가진 눈 밝은 감상자 서경식은 그것의 의미를 온전히 알아보고 있다.

"나는 지금 커다란 지옥도를 그리고 있다. 그로테스크한 죽음과 광기가 시끄럽게 떠들어대는 거리. 왼쪽에서는 관 위에 올라탄 죽음의 화신이 길을 가로지르고, 오른쪽에서는 남자가 젊음에 대한 아름다운 환상을 캔버스 위에 토해내고 있다. 파괴로 치닫고 있는 시대, 그것을 관찰하고 있는 나는 미치지 않았다."

독일 화가 조지 그로스의 말이다. 1차 세계대전 참전 후 자신이 독일인이란 사실에 절망한 화가는 게오르그(Georg)라는 독일어식 이름을 영어식인 조지(George)로 바꾸어 버린다. 《청춘의 사신》에는 세계대전과 대량 학살의 소용돌이 한가운데 있었던 독일 화가들이 여럿 등장한다. 오토 딕스, 에밀 놀데, 로비스 코린트, 에른스트 루드비히 키르히너 같은 화가들은 나치에 의해 철저하게 탄압받았으며, 그들의 작품은 압수된 뒤 '퇴폐미술전'에 전시되어 조롱거리가 되었다. 독일 출신의 유대인 화가 펠릭스 누스바움은 종전을 불과 한 달 앞두고 아우슈비츠로 끌려가 살해당했다.

《청춘의 사신》에는 그 밖에 우리에겐 다소 낯선 일본의 화가들과 시대의 양심이 되지 못하고 예술가로서의 신의를 저버린 화가들도 등장한다. '그림을 본다'는 행위의 의미를 서경식이 고민했듯, '그림을 그린다'는 행위의 의미를 화가들 역시 고민하고 또 고민했다. 다시 한 번 조지 그로스의 말에 귀를 기울여 보자.

"진실주의자는 동시대인들의 얼굴을 거울에 비추어 보인다. 내가 유화나 판화를 제작한 것은 이의를 제기하기 위해서다. 내 작업을 통해서 세상 사람들에게 이 세계가 추악하고 병들었고 거짓으로 가득 차 있다는 사실을 알리려고 한 것이다."

2007년 1월 9일

서경식, 《청춘의 사신》

씨앗을 짓이겨서는 안 된다
케테 콜비츠, ≪케테 콜비츠≫

이제 '여류(女流)'라는 말은 거의 사어(死語)가 된 듯하다. 여류라는 말의 사전적 의미는 "어떤 전문 방면으로 능숙한 여성"으로 ― 주로 예술 계통의 ― '여성 전문직 종사자'를 가리킨다. 얼핏 이상하달 것 없이 느껴지는 단어가 짐짓 성차별적인 뉘앙스를 풍기는가 하면 이제 거의 쓰이지 않게 된 것은 무슨 이유에서일까. 그것은 거꾸로 여류라는 말이 생겨나 사용되었다는 그 자체에서 실마리를 찾을 수 있을지 모른다. 여류 — 쉽게 말해 과거에는 그들을 따로 구분해 지칭할 용어가 필요했을 정도로 전문직에 종사하는 여성이 더없이 희귀하고 유별난 존재였다는 것이다. 작가나 화가 같은 예술가란 의심할 여지없이 남성들을 가리키는 말이었기에, 굳이 남류(男流)라는 단어가 필요하지 않았던 점을 생각해 본다면 여류의 의미는 보다 분명해진다.

그러나 주지하다시피 이제 전문가나 예술가인 여성은 더 이상 희귀하고 유별난 존재가 아니다. 그것은 무엇보다 여류라는 구시대적 호칭에서 벗어나기 위해 자신이 여성임을 끊임없이 의식하면서, 여성으로서의 한계를 극복하고 동시에 여성으로서의 가능성을 무한히 확대하기 위해 불굴의 의지로 스스로의 확고한 세계를 구축한 선구자적인 '여류'들의 혁혁한 업적에 힘입은 바 크다. 독일의 화가 캐테 콜비츠(1867-1945)는 그러한 대표적 여류 가운데 한 사람이다.

'진보적 미술의 어머니'라고도 불리는 콜비츠는 특유의 거칠고 강인한 화풍으로 사회적 모순으로 고통받던 당시 민중들의 모습을 작품 속에 생생하게 묘사했다. 자본주의에 반하는 사회주의와 공산주의의 대두, 첨예한 정치 대립과 사회 갈등, 그리고 경제공황과 세계대전이라는 전 인류에게 가해진 빈곤과 폭력의 재앙. 20세기 전반은 절망의 시대였고, 콜비츠는 그 잔인한 시대의 증언자이자 고발자였다. 그러나 콜비츠는 단순히 현실을 증언하고 고발하는 것에 그치지 않았다. 그녀

캐테 콜비츠, ≪캐테 콜비츠≫

의 작품이 우리에게 충격 이상의 커다란 울림을 주는 것은 그녀가 묘사한 절망이 너무나도 처절한 것임에도, 그 속에는 그 처절함을 더 이상은 용납하지 않겠다는 예술가의 확고한 의지와 강렬한 생명력이 함께 깃들어 있기 때문이다.

《캐테 콜비츠》는 중년 이후 캐테 콜비츠의 일기를 모아 놓은 책이다. 우리는 이 일기를 통해 작품에서 그토록 결연한 태도와 굳건한 신념을 보여 줬던 한 화가가 실제로는 얼마나 많은 내적 갈등과 인간적 번민을 겪었는지 사뭇 실감하게 된다.

내 작업은 구제받을 길이 없어 보인다. 그래서 일시적으로 작업을 좀 쉬기로 결심했다. 마음이 텅 빈 것처럼 허전하다. 이 작업을 할 수 없다면 대체 내가 어디서 기쁨을 찾을 수 있단 말인가? 누군가와 얘기를 나눈다 해도 아무런 의미도 없다. 누구도, 그 어떤 것도 나에게는 도움이 안 된다.

나는 뒤쪽에서 작업 중인 페터를 본다. 물론 이 작업을 포기할 생각은 없다. 그럴 수는 없다. 그렇지만 휴식이 필요하다. 지금 나는 아무런 기쁨도 없다. 어제는 하루 종일 온갖 일을 정리했다. 대체 무슨 소용이 있을까?

콜비츠는 의기소침과 의기양양의 극단적인 감정을 오르내리며 힘겹게 작품을 완성시켜 나간다. 자신이 느끼고 깨달은 진실을 예술로 승화시키고 싶은 순정한 창조의 열망이 그녀의 영혼 속에서 본능처럼 용솟음쳤기 때문이다.

내 안에는 온 힘을 기울이고 싶은 엄청난 욕구가 있다. 그런데 그것에 다가간 적이 없다. 그렇지만 나는 그렇게 해야만 한다. 로게펠데에 세울 작품이 완성되면, 다시 한 번 그래픽으로 나를 정신 차리게 해야겠다. 그러기 위해선 죽기 전에 작품을 더 많이 완성해야만 한다. 그래야만 한다! 그래야만 한다! 그래야만 한다!

콜비츠는 자신이 여성이라는 점을 분명히 자각하고 있었다. 일기 속에는 딸로서의 콜비츠, 자매로서의 콜비츠, 아내와 어머니로서의 콜비츠, 또 당시에는 흔한 존재일 수 없었던 여류 화가로서의 콜비츠가 있는 그대로의 모습으로 등장한다. 그러한 여러 측면의 여성적 자아를 통해 콜비츠는 지극한 기쁨과 행복을 느끼고 또 그 이상의 갈등과 괴로움을 맛본다. 그리고 그 지난한 삶의 과정을 용기와 인내로 감내함으로써 그녀는 온전한 여성으로, 진정한 인간으로, 또 위대한 예술가로의 삶을 완성해 나간다.

캐테 콜비츠, 《캐테 콜비츠》

콜비츠는 그 누구보다도 — 자신의 작품의 제목에서처럼 — 세상을 향해 소리 높여 "전쟁에 반대한다!" "씨앗을 짓이겨서는 안 된다!"고 주장할 자격이 있었다. 그녀는 1차 세계대전에서 둘째 아들인 페터를, 2차 세계대전에서는 죽은 아들의 이름을 그대로 물려준 손자 페터를 잃었다. 그녀의 일기에는 한 여성이 어머니로서 겪을 수 있는 가장 큰 슬픔과 고통이 생생하게 표현되어 있다. 그러나 콜비츠는 잔인한 운명에 맞서 계속해서 작품에 매달렸다. 그녀는 여성이자 어머니이자 또한 예술가였기 때문이다.

유럽의 청춘들이 서로를 향해 미친 듯이 달려드는 건 너무나도 무의미한 일이다. 전쟁이 무의미하다는 생각에 대해 확신을 가지고 나면, 그럼 대체 인간은 어떤 법에 따라 살아야 하는가라는 의문이 생긴다. 가능한 한 가장 큰 행복에 도달하기 위해서라고 대답하는 건 분명 정답이 아닐 것이다. 어떤 이념을 위해서 목숨을 내놓는 일은 앞으로도 영원히 계속될 테니까. 하지만 그 결과가 과연 무엇인가? 페터, 에리히, 리하르트, 모두들 자신의 목숨을 조국애라는 이념에 바쳤다. 영국의 젊은이들도, 러시아의 젊은이들도, 프랑스의 젊은이들도 마찬가지다. 결과는 서로를 향해 미친 듯이 달려드는 것이고, 유럽은 가장 아름다운 것을 잃어버렸다. 이 모든 나라의 젊은이들은 그렇다면 속은 게 아닐까? 전쟁을 불러일으키기 위해서 청춘이 가진 희생하려는 마음을 이용한 게 아닌가? 책임을 지는 자들은 어디 있는가? 과연 그런 사람이 있기나 한가? 모두 속은 사람뿐이지 않은가? 그 모든 게 대중의 망상에 지나지 않은 건가? 언제, 어떻게 해야 이 망상에서 벗어날 수 있을까?

콜비츠는 반사회적 인물로 낙인찍혀 나치에 의해 언제 강제수용소로 끌려갈지 모른다는 공포 속에 말년을 보냈다. 그녀가 숨을 거둔 것은 1945년 4월, 그토록 바라던 종전을 불과 몇 개월 앞두고서였다. 여성이자 어머니이자 예술가라는 것은 결국 그녀를 더욱 위대한 인간으로 완성시키는 조건이 되었다.

2006년 9월 2일

캐테 콜비츠, ≪캐테 콜비츠≫

신비의 발명, 부조리의 매혹
수지 개블릭, ≪르네 마그리트≫

책의 연인

여기 담배 파이프를 그린 그림 한 점이 있다. 지극히 단순하고 평범한 그림처럼 보인다. 다시 말하지만 그저 담배 파이프를 그린 그림이다. 누구나 그것이 파이프임을 알 수 있다. 그런데 그 파이프 아래에는 다음과 같은 말이 써 있다. "이것은 파이프가 아니다" — 그로써 이 그림은 다빈치의 <모나리자>나 반 고흐의 <해바라기>에 못지않을 정도로 유명한 그림이 되었다. (누구나 그릴 수 있을 것 같지만, 그 전까지 누구도 그리지 못한) 이 그림을 그린 화가의 이름은 르네 마그리트 (1898-1967)다.

다시, 그림을 보자. 아무리 들여다봐도 그림 속에 그려진 것은 파이프다. 그러나 그 파이프 아래에는 그것이 파이프가 아니라고 쓰여 있다. 그림 속의 파이프는 이미 우리가 알고 있는 익숙한 물건이다. 분명 담배 파이프가 맞다. '그러나 과연 정말 그럴까?' (이 단순한 질문은 참으로 중요하기도 하다.) 우리가 보고 있는 것은 '파이프를 그린 그림'이다. 캔버스에 물감으로 그려진 이미지일 뿐이다. 그러므로 그것은 진짜 파이프가 아니다. 무엇보다 그림 속의 파이프로는 아무도 담배를 피울 수가 없다. 다시 그러므로, 그것은 파이프이지만 파이프가 아닌 것이다.

대표적인 '초현실주의' 화가인 마그리트의 그림은 흔히 '형이상학적 회화'로 불린다. 그러나 마그리트는 자신이 그와 같은 한 줄의 문장으로 간단명료하게 설명되는 것을 결코 원치 않을 사람이다. 그의 모습은 화가라기보다는 사색하는 철학자나 시인을 떠올리게 한다. 하지만 그것 역시 마그리트의 이미지일 뿐 마그리트의 실체는 아닐지 모른다. 마그리트는 마그리트이면서 동시에 마그리트가 아니다. 예의 파이프와 마찬가지로.

마그리트는 자신의 그림을 통해 우리가 당연하게 받아들이는 현상,

수지 개블릭, 《르네 마그리트》

언어, 이미지들을 전혀 예상치 못한 낯선 모습으로 탈바꿈시켜 우리에게 보여 준다. 여자의 아름다운 나체가 배경이 되고 있는 푸른 하늘빛으로 변해 가는가 하면, <연인>이란 제목의 그림에 나란히 등장하는 남과 여는 흰 천으로 얼굴을 가렸다. 흔히 상반신이 여자의 형상으로 하반신이 물고기로 묘사되는 인어는 그의 그림 속에서 상반신이 물고기로 하반신이 여자로 바뀌어 있다. 중산모를 쓰고 단정히 검은 양복을 차려입은 남자의 얼굴 앞에 사과 한 개가 떠 있다. 그림의 제목은 <사람의 아들>이다.

마그리트의 그림을 본 사람들은 당혹한다. 갸우뚱거리는 머리 위로 큼지막한 물음표가 하나씩 떠오른다. 그러나 그의 그림은 무엇을 그렸는지 그 형상을 가늠할 수 없는 일반적인 추상화와는 분명히 구별된다. 마그리트의 그림 속에 등장하는 말 탄 기수, 숲 속의 나무, 하늘의 구름, 혹은 의자, 창문, 바이올린 등은 앞서 언급한 담배 파이프처럼 우리에게 너무나도 익숙한 대상들이다. 그러나 아이러니컬하게도 그런 익숙한 대상들로 채워진 그의 그림 앞에서 우리는 '도대체 이게 뭘 그린 거야?' 하는 반응을 보이게 된다.

수지 개블릭은 직접 마그리트 부부와 함께 생활하기도 하며 그의 작품 세계를 깊이 있게 연구한 미술학자다. 그의 저서 ≪르네 마그리트»는 단순한 예술가의 전기로 읽히지 않는다. 드라마틱한 인생 역정과 고뇌에 찬 예술가의 열정적인 삶을 묘사하는 것이 일반적인 화가의 전기라면, 이 책은 마그리트의 작품들이 보여 주고 있는 심오한 세계가 20세기 전반이라는 시대 — 혹은 그 시대정신 — 와 어떻게 맞닿아 있는지에 초점을 맞추고 있다.

20세기는 과학은 물론 정치, 경제, 문화 등 모든 면에서 가히 혁명적이라고 할 만한 변화와 부침을 겪은 시기다. 역사상 20세기만큼 단기간에 인류 전체가 급격한 변화를 겪은 시기는 없었다. 그야말로 경이롭고 복잡하고 난해한 시대 — 기존의 가치관은 전복되었고, 생활 방식이 달라졌으며, 숱한 갈등과 모순이 충돌하였고, 그 과정에서 참혹한 전쟁으로 헤아릴 수 없이 많은 사람들이 목숨을 잃었다.

자신을 둘러싼 세상이 자신의 그림보다 더 상식적이지 않다는 것 — 마그리트의 그림 속에서 표현되는 기이하고 부조리한 모습들은 쉽게 말해 우리가 상식이라고 교육받아 온 익숙한 개념들에 대한 '배반'이다. 마그리트는 '신비'와 '상식'에 대해 이렇게 말한다.

"우리가 세상과 또 세상의 여러 사물에 대하여 갖고 있는 평범한 지식은 회화에서 그 표현방식의 이유가 되지 않는다. 사물의 꾸밈없는 신비는 현실에서 그러하듯이 그림에서도 주목받지 못한 채 간과될 수

수지 개블릭, «르네 마그리트»

도 있다. (……) 만약 감상자가 내 그림이 '상식'에 대한 일종의 도전이라는 것을 깨닫는다면 분명한 것을 깨닫는 것이다. 그렇지만 내게 있어서 세상은 상식에 대한 도전장이라고 말하고 싶다."

우리는 설명을 원한다. 의미를, 이해를 원한다. 두렵기 때문이다. 불완전하기 때문이다. 마그리트는 그것을 잘 알고 있었다.

"사람들은 편안해지기 위하여 의지할 만한 것을 원한다. 안전하게 매달릴 만한 것을 원하고 그렇게 함으로써 공허함에서 자신을 구할 수 있다. 상징적 의미를 찾는 사람들은 본질적인 시적 요소와 이미지의 신비함을 간과하게 된다. 아마도 이러한 신비함을 감지하게 되더라도 그것을 떨쳐 버리고 싶어할 것이다. 그들은 두려워한다. '이것은 무엇을 의미합니까?'라고 물음으로써 모든 일을 이해할 수 있기를 바라는 것이다. 그러나 만약 신비함을 거부하지 않는다면 완전히 다른 반응을 나타낼 것이다. 전혀 다른 것을 묻게 될 것이다."

수지 개블릭은 마그리트의 그림이 "역설에 근거를 둔 변증법적인 과정"을 통해 "정의가 불가능한 우주의 본질"에 접근하고 있다고 평가한다. 고정관념과 틀에 박힌 상식에 기인하고 있는 의미와 이해를 떨쳐 버리면 우리는 불가해한 삶의 본질에 다가갈 수 있다. 마그리트의 그림은 꿈과 현실과 무의식의 자유로운 움직임을 통해 시간과 공간을 낯설게 변형시키고, 정신과 관념을 새롭게 결합시킨다.

　신비한 것은 그저 신비한 것이다. 우리는 마그리트의 그림을 한마디로 명확하게 설명할 수 없지만, 그가 창조해 낸 이미지들이 더없이 매혹적이란 사실을 결코 부정할 수 없다.

2005년 12월 21일

수지 개블릭, 《르네 마그리트》

존재하면서 살아가기
타샤 튜더, 《행복한 사람, 타샤 튜더》

생존. 그저 살아가는 것만으로도 인간은 살 수 있다. 얼마든지 그럴 수 있다. 그러나 사는 것만으로는 부족하다. 존재해야 한다. 삶다운 삶을 살고자 한다면 존재해야 한다. 존재하면서 살아가야 한다.

   존재하면서 산다는 것 – 그것을 명확하고 명료하게 설명하기란 쉽지 않은 일이다. 어느 소설가의 말처럼 그러한 것은 "전 생애로 묻고 전 생애로 답"할 수밖에 없는 성질의 것이기 때문일 것이다. "전 생애로 묻고 전 생애로 답한다"는 것은 또 무엇인가. 그 역시 쉽게 설명할 수 없는 노릇이지만, 여기 소개하는 타샤 튜더라는 여성의 아름답고 창조적인 삶이 그 좋은 본보기가 될 듯하다.

 타샤 튜더는 오랫동안 미국인들의 변함없는 사랑을 받고 있는 유명한 동화 작가다. 그녀는 동화 삽화를 그리는 화가로도 널리 알려져 있다. 1915년생인 그녀는 지난 70여 년간 100권이 넘는 동화책과 그림책을 출간했다. 따뜻하고 목가적인 그녀의 그림은 백악관의 공식 크리스마스카드에 사용되기도 했다.

 올해로 91세가 된 할머니 튜더가 사람들의 끊임없는 관심과 사랑을 받고 있는 것은 비단 그녀가 뛰어난 동화 작가이기 때문만은 아니다. 사람들은 동화보다 더욱 동화 같은 그녀의 삶의 방식에 매료된다.

 튜더는 현재 미국 버몬트 주의 한 시골 마을에서 30만 평에 이르는 정원을 가꾸며 살고 있다. 그녀의 전원생활은 부와 명예를 쌓은 유명 인사가 경치 좋은 별장에서 유유자적 보내는 휴가 따위와는 조금도 닮지 않았다. 91세의 나이에도 정정한 체력을 유지하고 있는 그녀는 매일같이 직접 노동한다. 텃밭을 가꿔 채소를 거두고, 염소를 길러 그 젖으로 요구르트와 치즈를 만들고, 물레로 실을 뽑아 베틀에서 옷감을 짠다. 난방과 취사는 모두 장작을 지펴 해결한다. 날이 어두워지면 그녀의 집에는 하나 둘 촛불이 켜진다. 그러면 그녀는 그 촛불 아래에

타샤 튜더, 《행복한 사람, 타샤 튜더》

서 동화에 곁들여질 아름다운 그림을 그린다. 튜더는 철저히 19세기식 삶을 살고 있는 것이다.

그녀가 무엇보다 아끼고 자랑스러워하는 것은 수십 년 동안 손수 가꾼 드넓은 정원이다. 자신만의 특별한 정원을 갖는 것은 튜더의 오랜 바람이었다. 56세의 나이로 처음 지금의 터에 정원을 만들 당시 그녀가 가장 먼저 했던 일은 바로 1,000개가 넘는 수선화 구근을 심은 일이었다고 한다. 수선화만이 아니다. '커티지 가든'이라고 불리는 튜더의 정원에는 장미, 연잎꿩의다리, 동백, 난쟁이은쑥, 아이리스, 패랭이꽃, 으아리, 작약, 물망초, 나리, 갯개미취, 백일초, 피튜니아, 금잔화 같은 꽃들이 만발하여 황홀한 광경을 연출한다. 수십 년간 돌본 나무들과 직접 씨앗이나 구근을 심어 가꾼 온갖 꽃들, 튜더는 식물의 충만한 생명력에 둘러싸여 하루하루를 살아가고 있다.

그녀의 동물 사랑 역시 남다르다. 고풍스런 새장 안의 수십 마리 새들, 어깨 위에서 말참견을 하는 앵무새, 연못가의 거위 가족, 헛간에는 염소와 비둘기와 닭들이 산다. 물론 개와 고양이도 빼놓을 수 없는데, 코기종(種) 개에 대한 튜더의 애정은 각별하다. 코기들이 주인공인 동화 《코기빌 페어》는 잘 알려진 그녀의 대표작이다.

《행복한 사람, 타샤 튜더》는 자연 속에서 살아가는 자신의 삶을 담백하고 소박한 문장으로 서술한 튜더의 자전적 에세이다. 사진작가 리

처드 브라운이 촬영한 그녀의 아름다운 정원과 풍요로운 일상의 사진들이 책을 읽는 즐거움에 보는 즐거움을 더한다. 튜더는 말한다.

정원을 가꾸면 헤아릴 수 없는 보상이 쏟아진다. 다이어트를 할 필요도 없다. 결혼할 때 입었던 웨딩드레스가 아직도 맞고, 턱걸이도 할 수 있다. 평생 우울하거나 두통을 앓아본 적도 없다. 그런 병은 끔찍하겠지. 염소젖과 정원 가꾸기 덕분일 것이다.

튜더는 단순한 은둔자가 아니다. 속세와 거리를 두고 편리한 문명의 혜택을 거부한 채 숲 속에 묻혀 살아가고 있지만, 그녀가 고행이나 수도를 행하고 있는 것은 결코 아니다. 그녀는 자신이 선택한 삶을 철저히 즐기며 살고 있다. 튜더는 더없이 즐겁고 귀여운 할머니다. 더없이 성실하고 낙천적인 인간이며, 기품 있고 우아한 삶을 실천하고 있는 아름다운 여성이다. 지폐 몇 장으로 혹은 클릭 몇 번으로 필요한 물건을 구입하는 우리들과 달리, 그녀는 얼핏 번거롭고 거추장스럽게 여겨지는 절차와 과정을 일일이 자기 손으로 치러 낸 뒤 원하는 것을 얻는다. 그렇기 때문에 그녀는 그것을 오롯이 만끽할 수 있다. 그녀는 19세기식 삶의 불편함을 자신의 부지런함으로 감내하고, 대신 대부분의 현대인들이 결코 누리지 못하는 멋과 낭만을 한껏 누린다. 진

타샤 튜더, 《행복한 사람, 타샤 튜더》

정한 웰빙이다.

나는 요즘도 골동품 접시를 생활에서 사용한다. 상자에 넣어두고 못 보느니, 쓰다가 깨지는 편이 나으니까. 내가 1830년대 드레스를 입는 것도 그 때문이다. 의상 수집가들이 보면 하얗게 질릴 일이다. 하지만 왜 멋진 걸 갖고 있으면서도 즐기지 않는담? 인생은 짧으니 오롯이 즐겨야 한다.

튜더는 철학자연 예술가연하지 않는다. 그녀는 자신을 찾아온 손님들을 위해 정성껏 파이를 굽고, 손자 손녀들을 위해 100년도 더 된 장식품으로 크리스마스트리를 멋들어지게 꾸민다. 친지들을 초대해 손수 만든 마리오네트 인형들로 근사한 공연을 선보이고, 검소한 생활을 하고 있지만 아름다운 꽃의 구근을 사기 위해서라면 아낌없이 돈을 쓴다.

바랄 나위 없이 삶이 만족스럽다. 개들, 염소들, 새들과 여기 사는 것 말고는 바라는 게 없다.

모두가 튜더처럼 살 수는 없을지 모른다. 그녀의 방식이 우리 모두에게 들어맞는 것도 아닐 것이다. 그녀가 아무런 대가도 치르지 않고 원하는 삶을 이뤄 냈다는 것은 더더욱 아니다. 다만 분명한 것은 타샤 튜더라는 한 여성이 진실한 삶을 꿈꾸었다는 것, 그리고 그 꿈을 이루기 위해 힘껏 자신의 삶을 창조해 냈다는 것이다. 하여 그녀는 삶의 모든 순간순간에 온전한 자신으로 존재한다. 앞서 말한 대로 그저 살아가는 것이 아닌, 존재하면서 살아가고 있는 것이다. 자신의 삶과 꿈에 대해 튜더는 전 생애로 묻고 전 생애로 답하고 있다. 아름답지 않을 수가 없다.

2006년 10월 26일

타샤 튜더, ≪행복한 사람, 타샤 튜더≫

소녀는 울지 않는다
이다, ≪이다의 허접질≫

책의 연인

한 시인은 인터넷 없이는 아예 생존이 불가능해 보이는 요즘의 젊은 세대에게 "관음중인 동시에 노출중"이란 진단을 내렸다. 물론 충분히 수긍이 가는 분석이다. 그러나 그것은 혀를 끌끌 차고 마는 데 그칠 문제가 아니다. 각종 부작용과 폐해에도 불구하고 인터넷은 이미 젊은 세대에게 물이나 공기 같은 것이 되어 버렸기 때문이다. 분명한 것은 물이나 공기만큼의 생명력은 아니라 해도 이제 어지간해서는 인터넷이 지구상에서 사라지지 않으리라는 사실이다.

그저 인터넷의 편리성이나 정보성에 대해 얘기하고 있는 것이 아니다. 자신을 드러내는 것, 자신을 감추는 것, 타인을 살펴보는 것, 그것을 통해 타인을 판단하는 것 — 우리가 매일같이 일상에서 부딪히는 미묘한 소통의 문제들이다. 그 문제들은 인터넷상에서도 물론 존재한다. 현실에서보다 더욱 미묘하고 더욱 복잡한 모습으로.

여기 한 '어른여자애'가 있다. 대부분의 우리와 마찬가지로 성인이 되어서도 여전히 마음 한구석에 어린아이가 존재하고 있는 어른여자애. 그것의 심리학적 의미 분석은 차치하고라도, 자신 안에 또 다른 자아가 있다는 것을 스스로 외면하지 않는다는 것은 일단 용기임이 분명하다. 그런 어른여자애의 일면을 인터넷을 통해 들여다본다는 것. 표현, 욕망, 진실, 왜곡, 이해, 오해, 존재. 그 사이에서 작용하는 '드러냄과 감춤'은 한 개인의 문제이기도 하지만 역시 우리 모두의 문제이기도 하다.

그녀의 이름은 정한별, 1982년생, 부모와 떨어져 서울에 거주하고 있는 대학생. 그녀의 또 다른 이름은 이다(2da), 2001년부터 현재까지 5년째 자신의 인터넷 홈페이지(www.2daplay.net)에 '그림일기'를 업데이트하고 있다. 미술을 전공한 것은 아니지만 어렸을 때부터 지금껏 그림 그리는 일을 가장 좋아한다는 그녀는 《이다의 허접

이다, 《이다의 허접질》

질»을 통해 차츰 세상에 알려져 현재 만화가로, 일러스트레이터로, 화가로 활동하고 있다.

《이다의 허접질》은 이다의 개인 홈페이지 이름인 동시에, 그녀 스스로 자신의 그림과 일기를 지칭하는 명칭이기도 하고, 또 그 그림과 일기들을 한데 묶어 발간한 책의 제목이기도 하다.

인터넷에 일기를 공개하는 저의를 의심할 사람도 있을지 모른다. 그러나 거기엔 어떤 계산된 의도보다 열정과 불안이 공존하는 이십대의 하루하루를 살고 있는 한 청춘의 자의식과 표현욕이 우선하고 있다. 《이다의 허접질》은 기존의 잣대로는 그 성격을 규정하기 힘든 창작물이다. 이다라는 존재와 그녀의 그림과 일기는 미숙하고 거칠고 좌충우돌하는, 날것 그대로의 매력을 발산한다. 길들여지지도 다듬어지지도 않은 개성적인 필치로 이다는 자신의 일상을, 갈등과 고민을, 꿈과 사랑을 그려 낸다. 이다가 온라인상에서 나름의 유명세를 치르게 된 것은 무엇보다 꾸밈없이 솔직하게 자신을 드러냈기 때문일 것이다. 이다는 자신의 그림 속에서 항상 나체로 등장하며, 꺼려지는 소재들을 거침없이 과감하게 다룬다. 그러나 그것은 단순한 치기나 무책임한 객기에 그치지 않는다. 이다는 솔직함의 대가를 치른다. 그녀는 예의 '드러냄과 감춤' 사이에서 누구보다 심각하고 진지하게 갈등한다. 그리고 예상치 못했던 결과들로 인해 상처를 받는다.

솔직하게 보이기는 상당히 쉽다. 다른 사람들이 말하기 힘든 생리라든지, 치질이라든지, 섹스라든지 그런 것들을 말하면 '정말 솔직하다'라는 말을 들을 수 있다. 정말 비밀을 숨겨둔 채 솔직하게 보이기. 나는 가식적이다.

솔직하다는 것은 무엇인가. 한 인간이 남에게 자신의 전부를 남김없이 보여 줘야만 솔직하다는 말을 들을 수 있는 것은 결코 아닐 것이다 (자신의 전부를 남김없이 보여 준다는 것 — 그것은 무엇보다 불가능한 일이기도 하다). 솔직함은 비밀의 고백, 그 자체가 아니다.

자신의 그림 속에서 이다는 과감하고 거침없고 직설적으로 보인다. 그러나 한편 이다는 수줍어하고 망설이고 더없이 내성적인 자신의 모습도 그림 속에 드러낸다. 이다는 여러 얼굴을 가지고 있다. 우리 모두와 마찬가지로. 인터넷상에 자신의 내밀한 그림과 일기를 공개한다고 해서 우리가 이다의 모든 것을 알 권리는 없다. 이다 역시 자신의 모든 것을 우리에게 공개할 의무는 없다. 《이다의 허접질》을 통해 우리는 이다를 알 수 있지만, 이다를 알 수 없다. 이다 역시 자신을 드러낼 수도 있지만 감출 수도 있다.

《이다의 허접질》이 우리에게 공감을 주고 또 나름의 의미를 갖는 것은 그것이 여대생의 사생활을 훔쳐볼 수 있는 이상야릇한 그림일기

이다, 《이다의 허접질》

여서가 아니다. 거기엔 자신을 표현하고 싶어 하고 또 무언가를 창조하고 싶어 하는 한 청춘이 실망하고 좌절하고 분노하고 아파하는 모습이, 기뻐하고 희망하고 꿈꾸고 사랑하는 모습이 생생하게 살아 숨쉬고 있다.

난 요즘 어떡해야 하는지 모르겠어. 어떤 사람은 나보고 '그림'으로 성공하고 싶으면 기초를 닦으래. 또 어떤 사람은 정규교육을 받고 기초를 닦으면 그림의 특색이 없어질 거래. 또 어떤 사람은 학교를 그만두래. 또 어떤 사람은 그래선 안 된대. 난 요즘 무슨 장단에 맞춰서 춤춰야 할지 모르겠어. 물론 내가 좋아하는 장단에 맞추고 싶지만 그게 잘하는 짓인지 모르겠어. 그리고 꼭 춤을 취야 하는지도 모르겠어. 꼭 춤을 취야 한다면 내가 장단을 직접 고르고 싶은데, 난 그런 능력은 없다구. 누가 《예술가로 성공하려면 이 책 보고 따라 해라》 같은 책이나 냈으면 좋겠다.

청춘의 삶은 그야말로 갈팡질팡한다. 세상에 대한 불만과 두려움도 좀처럼 사라지지 않는다. 그러나 이다는 전진한다. 처절하게 눈물을 흘리는 일그러진 얼굴을 그리기도 하고, 감당할 수 없는 상처로 홈페이지를 닫기도 하고, 책을 출간한 것을 후회하기도 한다. 그러나 다시 홈페이지를 열어 새로 업데이트를 하고, 나무와 늑대와 기린의 그림을 그리고, 프로로서 전시회에 참가한다. 그러한 퇴행과 성장을 반복하며 어른여자애 이다는 5년째 자신의 삶을 표현하고 창조하고 있다.
 책의 표지에서 이다는 울고 있다. 그러나 소녀는 울지 않는다. 언젠가 어른이 되어, 끝내 울지 않기 위해, 지금, 울고 있는 것이다.

2006년 12월 4일

이다, 《이다의 허접질》

활활 타오르는 남자
빈센트 반 고흐, 《반 고흐, 영혼의 편지》

지난 수만 년 동안, 지구상에 존재했던 모든 인간들 중 영혼의 온도가 가장 높았던 인간은 누구일까?

예수, 베토벤, 나폴레옹, 레닌, 미켈란젤로, 체 게바라 등 — 그들은 주로 예술가나 혁명가였다 — 의 열혈남아들이 상위권 다툼을 벌일 것이다. 물론 영혼의 깊이나 넓이 또 그 온전함이나 품위를 대상으로 한다면 순위는 얼마든지 달라질 수 있다. 그러나 영혼의 온도 — 그 강렬한 집념과 뜨거운 열정에 있어 타의 추종을 불허하는 그 부문의 강력한 우승 후보가 여기 있다.

빈센트 반 고흐(1853-1890). 그림을 정식으로 배워 본 적 없는 늦깎이 화가, 수백 편의 작품 중 살아서는 단 한 점의 유화밖에 팔지 못한 화가, 자신의 귀를 면도칼로 자른 화가, 정신병 발작으로 요양소를 제 집처럼 들락거렸던 화가, 사회로부터 거절당하고 사람들로부터 오해받으며 평생을 가난 속에 살다 간 화가, "인생의 고통은 살아 있는 그 자체"라고 말한 화가, 권총 자살마저 단번에 성공을 거두지 못한 화가, 자신의 유일한 후원자이자 영혼의 동반자였던 동생 테오에게 모두 668통의 편지를 쓴 화가.

예술가가 되려는 생각은 나쁘지 않다. 마음속에 타오르는 불과 영혼을 가지고 있다면 그걸 억누를 수는 없지. 소망하는 것을 터뜨리기보다는 태워버리는 게 낫지 않겠니. 나에게 그림을 그리는 일은 구원과 같다. 그리지 않았다면 지금보다 더 불행했을 테니까.

이런 절절한 내면의 고백이 가득한 편지들을 묶은 책이 바로 《반 고흐, 영혼의 편지》다. 물론 우리나라뿐만 아니라, 전 세계 어디서든 팔리고 있을 책이다. 이미 엄청난 판매고를 올렸음이 분명하고, 이변이

빈센트 반 고흐, 《반 고흐, 영혼의 편지》

없는 한 앞으로도 영원히 스테디셀러로 남을 것이다. 그러나 죽어서도 지독한 가난뱅이인 반 고흐에게는 단 한 푼의 저작료도 돌아가지 않는다. 현재 그의 그림들은 보통 한 점에 수천만 달러를 호가한다. <의사 가셰의 초상>(1890)은 1990년 한 일본인 사업가에게 984억 원에 팔렸다. 그 일본인의 개인 소장품이 된 이후 그 그림을 직접 본 사람은 없다고 한다. 천문학적인 가격의 진품이든 1달러짜리 그림엽서이든, 카페 벽면에, 티셔츠에, 수첩에, 커피 잔에, 달력에, 그의 그림은 지구 어디에든 있다. 어디에서든 사고 팔리며 끝없이 모방되고 재창조되며 불멸의 사랑을 받는다. 작가 어빙 스톤은 《빈센트, 빈센트, 빈센트 반 고흐》라는 소설을 썼고, 가수 돈 맥클린은 <빈센트>라는 아름다운 노래를 그에게 바쳤다. 영혼만은, 반 고흐의 불타는 영혼만은 결코 가난하지 않기 때문일 것이다.

 반 고흐는 누구보다도 자화상을 많이 그린 화가로 유명하다. 영혼의 불길 같은 특유의 거친 붓 터치로 그려진 그의 자화상은 보는 사람으로 하여금 그림 자체에서 뿜어져 나오는 강렬한 에너지, 날것 그대로의 뜨거운 예술혼을 경험하게 한다. 그러나 미술평론가 이주헌은 "반 고흐의 그림들은 모두 자화상이다"라고 말했다. 파이프가 놓인 빈 의자도 반 고흐 자신이며, 낡고 더러운 검정 구두도 반 고흐 자신이다. 이글거리며 솟아오르는 실편백나무도, 음산하게 밀밭 위를 날아가는 까마귀 떼도, 요양소 창밖의 쓸쓸한 정원도, 소용돌이치며 빛나는 밤하늘의 별들도, 노란 정념에 휩싸인 해바라기도, 어둠 속에서 감자를 나눠 먹는 가난한 농부들도 바로 반 고흐 자신인 것이다.

요컨대 편지는, 사랑하는 사람에게 보내는 내밀한 편지는, 자신의 영혼을 이해하고 있다고 믿는 사람에게 보내는 편지는 일기 이상이다. 그 어떤 문학작품 이상이다. 연인에게도, 동료에게도, 그 누구에게도 온전히 이해받지 못했던 반 고흐가 유일하게 자신을 믿고 지지하고 사랑해 준 동생 테오에게 쓴 668통의 편지는 그의 또 다른 걸작품이다. 그가 글로 그린 그림이다. 984억 원을 준다 해도 받아 볼 수 없는 영혼의 러브 레터.

성당보다는 사람의 눈을 그리는 게 더 좋다. 사람의 눈은, 그 아무리 장엄하고 인상적인 성당도 가질 수 없는 매력을 담고 있다. 거지든 매춘부든 사람의 영혼이 더 흥미롭다.

사람들이 영문도 모르는 채 그 그림에 감탄하고, 좋다고 인정하는 것이 내가 궁극적으로 바라는 일이다.

영원에 근접하는 남자와 여자를 그리고 싶다.

빈센트 반 고흐, 《반 고흐, 영혼의 편지》

이따금 참을 수 없는 고통을 느낀다. 그러나 아직도 내 안에는 평온함, 순수한 조화, 그리고 음악이 존재한다.

이제 나는 내년이 오기 전에 50점의 그림을 그릴 계획이라는 말만 덧붙이고 싶다. 결심을 꼭 지킬 것이다.

나에겐 그림밖에 없다.

우리가 사랑에 빠졌다면, 그냥 사랑에 빠진 것이고, 그게 전부 아니겠니. 그러니 실의에 빠지거나 감정을 억제하거나, 불빛을 꺼버리지 말고, 맑은 머리를 유지하도록 하자. 그리고 '신이여, 고맙습니다, 저는 사랑에 빠졌습니다.' 하고 말하자.

반 고흐의 전설은 동생 테오의 죽음으로 완성된다. 권총으로 자신의 가슴을 쏘고 37세의 나이로 반 고흐가 숨을 거두자, 절망과 비탄 속에 형의 유작 전시회를 열기 위해 애쓰던 테오는 갑작스럽게 발광을 일으킨 후 사망하고 만다. 형이 죽은 지 불과 6개월 뒤의 일이었다. 지독한 가난 속에서 10년 남짓 광기와도 같은 뜨거운 열정으로 휘몰아치듯 그림을 그린 반 고흐의 캔버스와 물감은, 빵과 옷과 잠자리는 모두 테오가 마련해 준 것들이었다. 자신의 귀를 자르는 소동을 벌인 한 달 뒤 반 고흐는 테오에게 보내는 편지에 다음과 같이 썼다.

다시 말하지만, 지금 나를 정신병원에 가둬버리든지, 아니면 온 힘을 다해 그림을 그리도록 내버려다오. 내가 미치지 않았다면, 그림을 시작할 때부터 약속해 온 그림을 너에게 보낼 수 있는 날이 올 것이다. 나를 먹여 살리느라 너는 늘 가난하게 지내겠지. 돈은 꼭 갚겠다. 안 되면 내 영혼을 주마.

그렇게 사랑과 슬픔으로 서로의 영혼을 나눠 가진 두 형제는 프랑스 오베르의 한 시골 교회 마당에 작은 묘비를 나란히 하고 함께 누워 있다. 활활 타오르는 남자, 화가 빈센트 반 고흐의 그림과 편지가 담긴 이 책은 너무나 뜨겁고 슬프고 아름답다.

2005년 9월 13일

빈센트 반 고흐, ≪반 고흐, 영혼의 편지≫

책의 연인

IV

우리가 징역을 살게 된 후에도 어머니께서는 퍽이나 부지런히 책 심부름을 하셨다. 혹 가다가 나와의 소식이 잘 닿지 않고 면회가 잘 안 될 때면, 언제나 부탁하지도 않은 책들이 두 권, 세 권씩 들어오곤 했다. 착잡한 마음으로 그 책을 펴 보노라면 꼭 어머니의 음성이 들려오는 것만 같았다. "이 자슥아! 죽지만 말아라이, 죽지만 말아라잉!" 이런 경우 어머니에게 그 몇 권의 책이란 틀림없이 자식의 목숨을 이어주는 '영약'이었을 것이다.

― 서준식, 《서준식 옥중서한 1971-1988》 중

'운명의 연인'이 아닌 '연인이라는 운명'
롤랑 바르트, 《사랑의 단상》

책의 연인

나(너)는 아프다. 너무나, 죽을 만큼 아프다. 종일 가슴이 두근거리고, 얼굴이 홧홧 달아오르고, 불안하고 초조하여 잠시도 안절부절못한다. 헛것을 보거나 헛소리를 중얼거린다. 달콤한 황홀경을 맛보다 이내 지옥 같은 절망에 빠진다. 울다가 웃는다. 자신이 미친 건지도 모른다는 두려움에 휩싸인다. 날이 밝도록 잠을 이루지 못한다. 그러나 나(너)는 병든 것이 아니다. 분명히 아프고 괴롭지만 나(너)는 '환자'가 아니다. 나(너)는 '연인(戀人)'이다. 나(너)는 바로 '사랑하는 사람'인 것이다…….

　동서고금을 막론하고 사랑을 병적(病的)인 것으로, 사랑에 빠진 연인을 환자인 것처럼 취급하는 전통(?)은 꽤나 유구하다고 하겠다. '사랑의 열병'이니, '상사병'이니, 젊은 날의 한때를 휩쓸고 지나가는 '광중(狂症)'이니 하는 표현은 결코 낯선 것이 아니다. '사랑에 눈이 멀다'라는 표현은 짐짓 진부하기까지 하다.
　거창한 말일수록 공허하고 실감이 나지 않는 법이지만, 알다시피 '사랑'은 인간의 영원한 주제다. 비단 예술 작품뿐만 아니라 인간이 만들어 낸 그 모든 것은 그것이 무엇이든 간에 사랑과 연관되어 있다. 비록 그 형태와 색깔이 천차만별이지만 어쨌든 인간은 태어나 죽을 때까지 '사랑 타령'을 할 수밖에 없는 존재다.
　그러나 사랑은 흔해질수록 귀해진다. 유감스럽게도 세상의 그 많은 사랑 타령 중 대부분이 사랑의 진실을 호도하거나 왜곡하는 데 기여하고 있다. 현대인들은 이미 오래전부터 자신의 인간관계 속에서가 아니라, 영화나 드라마 같은 대중매체를 통해서 사랑을 접해 왔다. 자본주의는 사랑을 팔면 돈을 벌 수 있다는 사실을 적극적으로 활용한다. 돈으로는 결코 진짜 사랑을 살 수 없다는 진실은 교묘히 은폐된

롤랑 바르트, 《사랑의 단상》

다. 아파트나 자동차의 광고 문구에도, 히트를 꿈꾸는 유행가 가사에도, 쇼윈도 속 마네킹의 미소에도 '사랑'이 넘쳐난다. 사랑은 흔해질수록 귀해진다.

이미 선지자적인 수많은 예술가들이 설파한 바, 사랑은 '능력'이다. 인간이라면 누구나 다 사랑을 할 수 있고, 누구나 다 연인이 될 수 있다고 생각하는 것은 그야말로 크나큰 착각이다. 잘 알려지지 않은 사실이지만, 생각보다 훨씬 많은 사람들이 진정한 사랑을 경험하지 못한 채 생을 마감한다. 얼핏 '사랑 비슷한 것'을 구경하거나, '연애 비슷한 것'을 흉내 내는 데 그치고 마는 것이다. 특별한 능력을 가진 사람만이 특별한 사랑을 할 수 있다. 미안하지만 분명히 그렇다.

앞서 언급한 대로 사랑을 병적인 것으로 폄하하는 태도는, 그 특별한 능력에 대한 범인(凡人)들의 시기와 질투다. 사랑이 흔해질수록 귀해지는 것과 마찬가지로, 사랑의 진실한 가치가 고귀하게 여겨질수록 사랑에 대한 평가절하나 시시비비 역시 끊이질 않는다. 결코 연인이 될 수 없는 사람들에게 사랑이나 연애는 '부질없는 가슴앓이'거나 '이겨 내야 하는 몹쓸 질병' 또는 '누구나 한때 겪는 성장통' 쯤으로 매도된다.

사랑하는 사람을 단순히 어떤 증세가 있는 환자로 환원시켜서는 안 된다.

20세기 프랑스를 대표하는 지성, 롤랑 바르트(1915-1980)는 사랑에 빠진 연인이 결코 '미치광이'가 아님을 역설하는 것으로, 그의 유명한 저서 《사랑의 단상》을 시작하고 있다.

이 책의 필요성은 오늘날 사랑의 담론이 '지극히 외로운 처지'에 놓여있다는 사실을 인식한 데에서 비롯되었다. 이 담론은 아마도 수많은 주체들에 (누가 그걸 알 수 있단 말인가?) 의해서 말해져 왔을 것이다. 그러나 어느 누구에 의해서도 보호받지 못했다. 그것은 주변의 언어들로부터 버림받았다. 또는 무시되고, 헐뜯어지고, 웃음거리가 되어 왔다. (……) 이렇듯 하나의 담론이 모든 군생 집단 밖으로 추방당하여 스스로의 힘에 의해 비실제적인 것 안으로 표류하게 되면, 그때 그것은 '긍정의' 장소가 ─ 비록 미미한 것이긴 하지만 ─ 되는 수밖에 없다. 요컨대 이 긍정은 바로 여기 시작하는 책의 주제이다.

롤랑 바르트가 《사랑의 단상》에서 주된 텍스트로 삼고 있는 것은 괴테의 소설 《젊은 베르테르의 슬픔》이다. 로테라는 여인에게 걷잡을 수 없이 빠져들어 이루어질 수 없는 사랑에 괴로워하다 결국 죽음

롤랑 바르트, 《사랑의 단상》

에 이른 청년 베르테르가, 쉽게 환자나 미치광이로 오해받아 조롱거리가 되곤 하는 '연인'의 대표 선수가 된 것이다.

이 책은 분명 사랑과 연인에 대해 말하고 있지만, 단순히 '연애 지침서'적 성격만을 갖고 있는 것은 아니다. 《사랑의 단상》은 철학과 심리학과 정신분석학을 넘나들며 문학과 예술과 인생을 아우르는 고급 담론이다. 그 누구보다도 냉철한 이성과 날카로운 통찰력을 가진 롤랑 바르트가 특유의 지적이고 세련된 문장으로, 지극히 비이성적이고 부조리하며 모순투성이로 여겨지는 '연인'을 분석하고 진단하고 위로하고 격려한다. 이 책은 연인을 위한 적극적이고 아름다운 '알리바이'인 것이다.

롤랑 바르트는 '연인'이란 존재 자체에 천착한다. 연인이란 거울을 통해 인간의 가장 인간적인 특성을 고찰하고 있는 것이다. 《사랑의 단상》은 우리에게 나의 '운명의 연인'이 누구일까를 궁금하게 만드는 것이 아니라, 과연 나 자신이 '연인으로서의 운명'을 타고났을까 하는 것을 되돌아보게 만든다. 그것은 나아가 인생의 맛과 색깔을 결정짓는 '상상력'의 문제로 귀결된다.

연인만이 가지는 남다른 특성과 고유한 태도, 사랑의 행위와 언어의 행위와의 관계, 오직 연인만이 느끼고 이해할 수 있는 기대와 절망과 우수와 고통과 환희, 세상의 모든 비유를 탄생시킨 연인의 미묘한 감각, 말로는 설명할 수 없는 무언가를 말로 설명할 수밖에 없는 연인의 모순된 운명, '나는 행복해요, 하지만 슬퍼요', 그 덧없는 아름다움을 온 영혼으로 표현하는 연인이라는 인간, 사랑이 가진 다채로운 얼굴과 그 얼굴에 드러나는 신비한 우주 혹은 우주의 신비…….

《사랑의 단상》은 결코 시가 아니면서도 고도의 압축과 생략으로, 결코 희곡이 아니면서도 철저히 절제된 독백으로, 결코 소설이 아니면서도 치열한 사유와 독창적인 구성으로 이루어져 있다. 이 매력적인 산문을 통해 롤랑 바르트가 말하고 싶었던 것은, 아마도 – 역자의 설명대로 – 사랑하는 사람과 말하는 사람(글 쓰는 사람)이 마침내 승리하리라는, 아름다운 전언이었을 것이다.

2006년 3월 29일

롤랑 바르트, 《사랑의 단상》

천상천하 유아독존
메이 사튼, ≪혼자 산다는 것≫

'독신(獨身)'이 중요한 화두인 세상이다. 과거 그 어느 때보다 '혼자 사는 사람'이 많은 시대다. '초라한 더블보다는 화려한 싱글이 좋다'는 말은 더 이상 새삼스러운 유행어도 아닌 것이다.

결혼 기피와 이혼 증가, 가족 해체, 노인 인구 급증 등 다양한 이유로 가족 없이 혼자 사는 사람의 숫자가 갈수록 증가하고 있다. 통계청이 5년마다 실시하고 있는 인구주택총조사에 따르면, 2005년 기준 우리나라의 총 가구 수는 약 1439만 가구에 이르며, 그중 '1인 가구' 즉 독신 가구의 수는 약 300만 가구에 이르는 것으로 확인되었다.

독신의 증가는 다양하고 새로운 사회 문화 현상을 동반하고 있다. 혼자 사는 사람들은 그렇지 않은 사람들과는 다른 그들만의 생활 방식을 갖게 마련이다. 그런 그들의 편의와 기호에 맞춰 다양한 상품들이 쏟아져 나오고 있다. 의식주에서 취미 및 여가 생활에 이르기까지 '독신자들을 위한' 수많은 상품들이 새로운 시장을 형성하며 막대한 경제적 영향력을 파급시키고 있는 것이다.

우리는 언제부터인가 영화나 드라마 속에서 심심치 않게 멋진 '싱글족'의 모습을 볼 수 있게 되었다. 전문직 고소득에 자유분방한 삶을 살아가는 근사한 독신의 모습은 하나의 트렌드를 넘어 선망의 대상이 되기도 한다. 어디에도 구속받지 않으며, 자신이 자기 삶의 주체가 되어 자유를 만끽하는 그들의 모습은 더없이 현대적이며 세련되게 미화되곤 한다. 그러나 많은 경우, 그것은 역시 피상적인 겉모습에 불과하다. 실질적이고 구체적인 독신의 삶이 그렇게 한결같이 때깔 좋은 TV광고 속의 한 장면 같을 수는 없는 것이다.

혼자 산다는 것은 무엇보다 끊임없이 자기 자신과 마주쳐야 되는 일이다. 끊임없이 자기 자신을 의식해야 하는 일이다. 무엇이든 자기 마음대로 할 수 있다는 것은, 달리 말해 무엇이든 자신이 '직접' 하지 않

메이 사튼, «혼자 산다는 것»

으면 안 된다는 것을 의미한다. 혼자 사는 사람이 자신이 직접 설거지를 하지 않는다면 씻지 않은 그릇들은 언제까지나 개수대 속에 그대로 쌓여 있게 된다. 갈아입을 속옷과 양말이 떨어졌어도 자신이 빨래를 미뤘기 때문이라면 불평을 할 수도 없다. 아무도 그를 대신해 바쁜 아침 시간에 셔츠를 다려 주지 않는다. 지독한 몸살감기에 걸려 꼼짝없이 누워 있다 하더라도 직접 약국에 약을 지으러 가야 하는 것은 그 자신이다. 조금만 무신경하게 일상을 방치하면 욕실 타일에는 쉽게 곰팡이가 피고, 각종 공과금은 번번이 체납되고 만다. 제때 제대로 된 식사를 하기는커녕 끼니를 때우는 일조차 버겁게 느껴진다. 물론 그 모든 것들은 금전을 통해 대행하거나 해결할 수 있다. 그러나 그것 역시 자신이 직접 판단하고 결정하여 그렇게 해야 한다.

삶은 혼자 사는 사람에게 더욱 부지런할 것을, 더욱 치밀할 것을 요구한다. 독신자는 모든 것이 자기 자유지만, 그로 인한 모든 것이 자기 책임이 된다. 그것은 당연히 외롭고 성가시고 피곤한 일이다. 독립(獨立) – 인간에게 있어 홀로 서는 일이 그만큼 힘들고 어려운 일이기 때문에 '가족'이란 제도가 발명된 것인지도 모른다.

미국의 유명한 시인이자 소설가, 에세이스트로도 명성을 날린 메이 사튼(1912-1995)의 《혼자 산다는 것》은 역시 독신이었던 그녀 자신의 일기를 책으로 묶은 것이다. 이 책을 단순히 '독신자를 위한 생활 지침서' 정도로 여겨서는 곤란하다. 독신자에게 있어 진정으로 중요하고도 어려운 문제가 무엇인지 생각하게 만들기 때문이다. 메이 사튼이 예술가라는 특별한 직업을 가졌던 탓도 있겠지만 그녀는 혼자 살아간다는 것, 즉 앞서 말한 대로 자기 자신과 끊임없이 마주치고 자기 자신을 끊임없이 의식한다는 것의 본질적인 의미에 깊이 천착한다. 그녀의 일기는 다음과 같이 시작된다.

몇 주일 만에 처음으로 혼자 여기서, 마침내 다시 나의 '진짜' 삶을 시작하려고 하고 있다. 그것이 이상한 점이다. 무엇이 일어나고 있는지 혹은 무엇이 일어난 것인지 캐보고 알아내기 위한 혼자만의 시간이 없는 한, 친구들 그리고 심지어 열렬한 사랑조차도 내 진짜 삶은 아니라는 것이 말이다. 영양분이 되기도 하고 미치게도 만드는 방해받는 때들이 없다면, 이 삶은 삭막할 것이다. 그러나 내가 그 맛을 완전하게 음미하는 것은 내가 여기 혼자 있고 그리고 이 집과 내가 이전의 대화들을 다시 시작할 때뿐이다.

인간이라면 누구나 '나는 누구인가'라는 고민으로부터 자유로울 수 없다. 독신자이든 그렇지 않든 결국 '혼자'라는 것이, 그 누구도 외로

메이 사튼, 《혼자 산다는 것》

움을 피할 수 없다는 것이 인간의 전제 조건이기 때문이다. 겉으로 보기에 화려하고 멋지게 보인다 하더라도 독신으로 살아가는 사람은 자신이 혼자임을 다른 사람보다 훨씬 더 강하게 자주 실감하게 되며, 깊은 밤 느닷없이 찾아오는 고통과 외로움으로부터 보호받기도 어렵다.

그러나 메이 사튼은 말한다. 그런 자신을 애써 외면하지 말라고, 고통과 외로움을 담담히 받아들이고 오히려 더 적극적으로 혼자인 자신을 깊이 들여다보라고 말한다.

나에게는 생각할 시간이 있다. 그것은 커다란, 가장 커다란 호사이다.

나는 존재하기 위한 시간을 가지고 있는 것이다. 그러므로 내 책임은 막대하다.

혼자 살아가는 인간은 여러 가지 괴로움을 겪게 되지만, 자신을 천천히 자세히 들여다볼 수 있다는 점에서 혼자인 시간을 가지지 못하는 사람보다 훨씬 유리하다는 것이다. 그리고 그것이 독신의 특권이자 '진짜' 삶이라고 메이 사튼은 말하고 있다.

남의 일기를 보는 것은 언제나 흥미진진하고 묘한 쾌감을 불러일으킨다. 그러나 《혼자 산다는 것》은 자신의 비밀을 털어놓는 고백이라기보다 자신과 또 다른 자신과의 대화, 혹은 자기 내면으로의 긴 여행기처럼 읽힌다. 삶의 고민들이 천천히 증류되어 한 방울 한 방울씩 모인 물방울 같은 소중한 지혜들이 이 일기 곳곳에 가득하다. 메이 사튼이 말한 대로 "어떤 문제의 의미와 목적이란 그 해결에 있는 것이 아니라, 우리가 그것을 풀려고 끊임없이 노력하는 데 있는 것"이다. 그리고 그것은 결국 '혼자'인 모든 인간에게 깊은 위안을 준다.

2005년 11월 8일

메이 사튼, 《혼자 산다는 것》

지식과 지혜 사이
버트런드 러셀, 《인간과 그밖의 것들》

책의 연인

누구나 한 번쯤 인터넷 포털 사이트의 '지식검색'을 이용해 봤을 것이다. 매일같이 다양한 분야의 수많은 질문들이 쏟아지고 그 질문 대부분에 실시간으로 상세하고 친절한 답변들이 붙는다. 지식검색이 아니더라도 정보가 필요할 때 인터넷을 활용한다는 것은 21세기로 접어든 후 엄연한 상식이 되었다. 참으로 편리한 세상이다. 불과 십여 년 전만 하더라도 여느 집 거실 한쪽엔 보통 수십 권이 한 질인 브리태니

커 백과사전이 빼곡히 꽂혀 있게 마련이었다. 그러나 십여 년 새 '세상의 모든 지식'이었던 수십 권의 백과사전은 손바닥만한 CD 한 장에 쏙 빨려 들어가 버렸다. 인터넷 상의 방대한 자료들을 떠올린다면 이제 누구도 백과사전이 담긴 CD 한 장을 세상의 모든 지식으로 여기지 않을 것이다.

인터넷이 가져다 준 인류의 발전과 진보는 실로 엄청난 것이라 하겠다. 그러나 시간의 절약과 이윤의 증대만으로 인간을 설명할 수는 없는 노릇임을 우리 모두는 잘 알고 있다. 인터넷으로 누리게 된 편리와 효율만큼 역시 인터넷으로 야기된 해악과 폐단이 존재한다. 양쪽 모두 일일이 그 예를 열거하지 못할 정도다. 인간에게 간편함과 능률을 제공한 무언가는 어김없이 그에 따른 거추장스러움과 말썽도 함께 제공한다. 참으로 편리하게 된 세상은 다른 측면에서 볼 때 참으로 불편하게 되어 버리고만 것이다. 역설적이다.

당연하게도 이 시대에는 초등학생의 숙제도 대학생의 리포트도 인터넷의 도움을 받는다. 그러나 지금의 학생들이 인터넷 없이 숙제를 하고 리포트를 써야 했던 예전의 학생들보다 더 뛰어난 학습 능력과 더 높은 지적 수준을 가지고 있다고는 결코 말할 수 없다.

사람들은 보다 빠른 이동이 가능해질수록 더 많은 시간을 이동에

버트런드 러셀, 《인간과 그밖의 것들》

소비한다.

　20세기 최고의 지성인 중 한 사람으로 꼽히는 영국의 사상가 버트런드 러셀(1872-1979)은 '역설의 대가'로도 불린다. 그는 특유의 간결하고도 위트 넘치는 문장으로 유명한데, 역설을 통해 현대사회의 모순을 고발하고 부조리한 문제들의 핵심을 간파한 많은 글을 남겼다. 과학자, 수학자, 철학자, 논리학자로도 이름을 떨친 그는 다양한 방면에서 왕성한 집필 활동을 펼쳤다. 시나 소설을 쓴 문학가가 아님에도 그에게 '노벨문학상'이 주어진 것은 그가 수많은 저작을 통해 끈질기게 인간과 역사와 사회의 이면(裏面)을 들여다본 것에 일생을 바친 공로가 인정되었기 때문일 것이다.
　《인간과 그밖의 것들》은 1931년에서 1935년 사이 버트런드 러셀이 신문에 발표한 짧은 칼럼들을 모은 책이다. 70년 전의 사회문제를 다룬 글들이 지금에도 공감을 주며 읽힐 수 있을까 하는 의구심은 완전한 기우에 가깝다. 1차 세계대전이라는 끔찍한 경험에도 불구하고 또다시 전쟁의 광기에 휩싸여 있던 당시의 세계정세를 그는 이렇게 비꼰다.

　　미국은 영국에 돈을 빌려주고 영국은 그 돈을 독일에 빌려주고, 독일은 그것을 영국과 프랑스에 (전쟁) 배상금조로 되돌려주려다가 거의 파산지경에 이르렀다. 영국과 프랑스는 독일이 계속 배상을 이행하도록 압박하기 위해 그 돈을 군비조성에 쏟아 붓는다. 이런 시스템에서는 조직화된 살육 외에 다른 결론이 있을 수 없고, 그러한 상황에서는 애초에 존재했던 미미한 부조차도 모조리 파괴되고 말 것이다.

1930년대에 이미 러셀은 자본주의 산업사회를 살아가는 현대인들의 이기적인 욕망과 거짓된 이중성을 정확하게 꿰뚫어 보고 있었다.

평균적인 아줌마는 다른 아줌마들을 감동시키기 위해서 산다. 자기 남편이 그들의 남편들보다 부자이고 자기 아이들이 더 성공적이라는 점을 설득하고자 애쓴다. 만약 그녀가 부유하다면, 집안관리와 장식 면에서 이웃들보다 나은 취향을 과시하려고 애쓴다. 이웃들도 똑같은 게임을 하고 있기 때문에, 여기에는 대단한 기술과 많은 사고가 요구된다.

1930년대의 유럽 중산층 아줌마들과 2000년대의 한국 중산층 아줌마들이 그토록 닮아 있다는 것은 어쩌면 놀라운 일이 아닐지도 모른다. 러셀은 자기모순에 빠진 현대인들의 무기력과 현실도피를 걱정하

버트런드 러셀, «인간과 그밖의 것들»

고 고민했다. 그것이 곧 세상에 대해 수수방관과 회의주의로 이어질 수 있는 일이었기 때문이다.

그러나 현대인은, 날씨에 대해 소견을 갖고자 할 경우 공식 기상예보를 읽는다. 나는 이따금 그가 신문의 도움 없이는 지금 현재 비가 오는가 맑은가 조차도 말하지 못할 것 같은 느낌마저 받는다. 정치나 세계정세, 혹은 구시대의 강건한 미덕으로 복귀할 필요성에 대해 말하는 그의 견해는 신문에서 끌어왔다고 보면 틀림없을 것이다. 그는 거의 모든 사안에서, 성가시게 자기생각을 갖지 않는다. 전문적 연구나 경험을 갖추고 있어 권위 있게 말할 자격이 있는 사람들에게 맡기는 것이 안전하다고 믿기 때문이다.

러셀은 냉소와 역설로 인간의 어리석음을 비틀고 풍자했지만, 염세적이고 암울한 결론으로 우리를 이끌지는 않았다. 그는 재치와 혜안으로 가능한 희망과 대안을 제시하려고 애썼다. 그는 모든 현안의 앞면과 뒷면을 동시에 보게 하는 사회 비평가로서의 역할을 평생 충실히 이행했다.

수십 권의 백과사전은 작은 CD 한 장에 담기고, 인터넷 안에는 엄청난 양의 지식들이 끝도 없이 쌓여 간다. 그러나 과거에 비해 인간의 지식이 늘어난 만큼 과연 지혜도 늘었을까. 지식검색은 있을 수 있어도 '지혜검색'은 있을 수 없다. 지혜는 러셀의 표현대로 "천천히 생각하는 가운데 한 방울 한 방울 증류되는 것"이기 때문이다. 인터넷이 존재하지 않았던 1930년대에 쓰인 러셀의 짧은 글들이 여전히 우리에게 울림을 주는 것은 그 안에 정치, 경제, 종교, 교육, 여성, 사랑, 인권, 전쟁, 역사에 대한 지식들이 지혜가 되어 녹아 있기 때문일 것이다.

　인간이 또 하나의 인간을 이해하는 것은 쉬운 일이 아니며, 그 어려움을 알지 못하는 사람들은 절대로 해낼 수 없는 일이다. 역사공부에서, 우정이나 사랑에서 가장 소중한 것은, 나와 다른 개성들을 이해하고자 점진적으로 시험적으로 접근하는 과정이다.
　사람을 어떤 범주에 집어넣는 방식이나, 많은 이들이 저마다 자신하는 직관능력에 의존하는 방식으로는 결코 이해에 도달할 수 없다. 그 두 방식의 결합은 필요하겠지만 결합만으로는 충분하지 못하다.
　근거 없는 멸시에서 나오는 독단적 자신감을 버리는 것이야말로 가장 필수적인 요소다.

2006년 7월 26일

버트런드 러셀, ≪인간과 그밖의 것들≫

나는 너무나 아프다
필립 샌드블룸, ≪창조성과 고통≫

책의 연인

행복이나 기쁨은 그렇지 않은데, 불행이나 고통은 참으로 다채로운 모습을 하고 있다. 인간에게 있어 한평생 기쁨의 순간과 고통의 순간은 결코 공평하게 반반씩 균형을 이뤄 찾아오지 않는다. 인간이라면 누구나 생로병사의 수순을, 죽음의 숙명을 피할 수 없다. 우리는 궁극적으로 모두 패배한다. 그러므로 기쁨이나 즐거움보다 괴로움이나 고통을 통해 인간을 더 잘 설명할 수 있는 것인지 모른다.

"위대한 예술가는 위대한 병자다"라는 부제가 붙어 있는 필립 샌드블롬의 《창조성과 고통》은 질병으로 인해 고통받았던 예술가들의 삶을 조명하고 있다. 저자인 필립 샌드블롬은 저명한 외과 의사이자 대단한 예술 애호가로, 자신의 전문적인 지식을 바탕으로 예술가들의 작품과 그 이면에 감춰진 질병의 상관관계를 분석했다. 그리고 그를 통해 자신이 품고 있는 예술과 예술가에 대한 무한한 애정과 존경을 표하고 있다.

질병의 고통은 사람을 차별하지 않는다. 아무도 죽음의 공포로부터 자유로울 수 없다. 제아무리 위대한 예술가라 해도 질병의 고통을 피해갈 수 있는 것은 아니다. 일반적으로 예술가들은 정신적인 면에서나 육체적인 면에서 다른 사람들보다 훨씬 더 섬세하고 예민하다고 여겨진다. 정확히 측정하여 수치화할 수는 없겠지만 예술가들은 평균보다 더 많은 것을 보고 듣고 느끼고 생각한다. 그것이 선천적인 재능에 의해서건 후천적인 노력에 의해서건 그것은 분명 특별한 일이다. 그래서인지 예술가들은 질병의 고통에도 특별하게 반응한다. 많은 예술가들이 그 고통을 창조의 거름으로 삼아 온 것이다.

'열정의 화신'으로 불리는 멕시코의 여성 화가 프리다 칼로는 어려서 소아마비를 앓은 뒤 젊은 시절 끔찍한 교통사고를 당한다. 이후 척추와 골반이 훼손되는 치명적인 합병중까지 겹쳐 그녀는 평생 삼십여

필립 샌드블롬, 《창조성과 고통》

차례의 수술을 받게 된다. 고통스러운 치료 과정을 감내하고 척추와 다리에 철심을 박고서도 그녀는 맹렬하게 그림을 그리고 적극적으로 사회 활동에 참여한다. 남편이자 멕시코 최고의 화가로도 유명한 디에고 리베라와의 사랑과 갈등 역시 그녀의 작품 세계를 논함에 있어 빼놓을 수 없는 부분이다. 칼로가 겪은 육체적 정신적 고통은 그녀의 작품, 특히 여러 편의 자화상 속에 생생하게 표현되어 있다. 그녀는 온몸에 못이 박혀 고통의 눈물을 흘리는 자신의 모습을 그렸다. 척추는 부서진 기둥으로 묘사되었고, 통증으로 짓무른 발가락에선 피가 흐른다. 칼로의 자화상은 단순한 자기 연민의 소산이 아니다. 그녀는 자신의 고통을 숨기거나 외면하지 않았고, 오히려 지독하리만큼 철저하게 그 고통의 심연을 들여다봄으로써 무엇으로도 꺾을 수 없는 자신만의 강렬한 예술혼을 포착해 냈다. 결국 한쪽 다리를 절단한 칼로는 침대에 누운 채로 죽기 직전 자신의 마지막 전시회에 참석했다.

    질병으로 인해 예술가의 길을 걷게 된 예도 있다. <사계>로 유명한 작곡가 비발디는 애당초 신부가 되기를 원했다. 그러나 그는 천식을 앓고 있었고, 심한 기침으로 인해 미사를 제대로 주관할 수 없었다. 결국 그는 교회 음악을 담당하는 역할을 맡게 되었고, 그 뒤 본격적인 작곡가의 길로 들어선다.

    화가 마티스는 40대에 접어들도록 예술과는 무관한 법조인의 삶을 살았다. 그러던 그가 충수염으로 인한 합병증 치료를 위해 1년간 요양 생활을 하게 되었고, 그 와중에 취미 삼아 그리기 시작한 그림에서 그는 자기 인생의 진정한 빛을 발견했다. 늦은 나이에 찾아온 그림에 대한 뜨거운 열정은 그를 '현대미술의 선구자'로, 거장의 반열에까지 올려놓았다.

피아니스트로 명성을 떨치던 슈만은 세균 감염으로 인해 손가락이 마비되는 불운을 겪었지만, "손가락이 없어도 작곡은 할 수 있다"며 작곡을 통해 끊임없는 예술혼을 불태웠다. 극단적으로 단순하고 순수한 미를 추구했던 화가 몬드리안은 삼원색과 직선의 분할만으로 추상미술의 새 장을 연 장본인이다. 그의 그림에서도 엿볼 수 있듯, 그는 강박적인 결벽증과 까다로운 정리벽을 가지고 있었다. '악마의 바이올리니스트'라고 불리는 파가니니는 어렵기로 소문난 곡을 능숙하게 연주하는 것에 있어 타의 추종을 불허했는데, 그것은 그가 팔과 손의 관절이 과도하게 유연한 '앨러스-단로스 증후군'이라는 선천적 기형을 가지고 있었기 때문이다. 베토벤 역시 예술가들의 질병을 논함에 있어 빠질 수 없는 인물이다. 우리는 그가 왜 위대한 인간인지 너무도 잘 알고 있다.

반 고흐, 도스토예프스키, 횔덜린, 니체 등이 고질적인 정신 질환에 시달렸다는 것도 잘 알려진 사실이다. 가볍게는 우울증으로부터 심각

필립 샌드블룸, 《창조성과 고통》

하게는 자살 시도에 이르기까지, 예술가들이 겪은 정신 질환은 그들의 작품 속에도 반영된다. 우리는 환청에 시달리다 자신의 귀를 자른 반 고흐의 초상화나 도스토예프스키 소설에 유난히 많이 등장하는 간질 발작에 대해 알고 있다. <히페리온> 같은 명시를 남긴 횔덜린은 평생 정신병 수용소를 들락거렸고, 위대한 철학자 니체는 다량의 최면제를 복용하지 않고는 잠을 잘 수 없는 극심한 불면증 환자였다.

성공한 예술가라고 해서 질병의 고통으로부터 자유로울 수 있는 것은 아니었다. 르누아르는 불행한 삶을 살다 간 대부분의 동료들과는 달리 살아 있는 동안 부와 명예를 누렸다. 밝고 화사한 그의 작품들에서 고통의 흔적을 찾아보기는 어렵다. 그러나 르누아르는 지독한 관절염을 앓고 있었다. 말년에는 손을 움직일 수 없을 정도의 심한 통증으로 인해 붕대로 붓과 자신의 손을 동여맨 채 그림을 그렸다. 극심한 육체의 고통 속에서도 그는 생기발랄한 아름다움을 표현하고자 하는 자신의 의지를 꺾지 않았다.

이 책을 예술가들의 비화나 희귀병의 사례를 소개하는 것으로 받아들여서는 곤란하다. 인간은 누구나 질병의 고통을 겪는다. 인간은 누구나 아프다. 그러나 아프다고 다 예술가가 될 수 있는 것은 아니다. 예술가들이 어떤 병을 앓았고, 어떻게 고통스러워했으며, 그 질병에 맞서 싸워 어떤 작품을 남겼는지 알게 되는 것은, 당연히 더욱 더, 그들에게, 그들의 작품에 감동받기 위해서이다.
　최첨단의 의학이 발달한 지금까지도 치료법이 개발되지 못한 경피증이란 희귀병을 앓다가 숨을 거둔 화가 파울 클레는 말했다. "나는 창조한다. 울지 않으려고."

2005년 10월 25일

필립 샌드블룸, 《창조성과 고통》

오직 착하고 아름답기 위해서
서준식, 《서준식 옥중서한 1971-1988》

《서준식 옥중서한 1971-1988》 — 이 책은 아주 두껍고 무척 비싸다. 그러나 단언컨대, 결코, 충분히는 아니다. 인터넷 서점의 독자 평점은 거의 모두 만점에 가깝다. 그러나 짐짓 별 다섯 개로는 어림없다는 생각이 든다. 아니 감히 평점을 매긴다는 자체가 왠지 송구하게 느껴지는 것이다.

시인 황인숙은 어느 글에서 한동안 만나는 사람들에게 마치 전도사처럼 이 책을 읽을 것을 권했다고 쓰고 있다. 소설가이자 저널리스트인 고종석은 다른 책들과는 달리 이 책은 사전이나 성경처럼 늘 곁에 두고 수시로 들춰 보며 조금씩 곱씹어 보아야 할 책이라고 주장한다.

그밖에도 익히 이 책의 파괴력(?)에 대해 들어온 터라 나는 선입견을 떨치고 선뜻 책장을 펼치기가 어려웠다. 그러나 어렵게 첫 페이지를 펼쳐 들었을 때 이 책의 마지막 페이지를 선뜻 덮어 버리기란 더욱 어려우리라는 것을 알 수 있었다.

《서준식 옥중서한 1971-1988》을 완독하는 데 나는 무려 4개월의 시간을 필요로 했다. 물론 어느 독자는 식음을 전폐하다시피 하고 '서준식 폐인'이 되어 단 일주일 만에 독파했다고도 한다. 그러나 완독에 4개월이 걸렸든 일주일이 걸렸든 그것은 조금도 중요한 일이 아니다. 깨알 같은 글씨가 가득 찬, 자그마치 830여 페이지에 이르는 이 책이, 이 길고 긴 글이 장장 17년에 걸쳐 쓰였다는 것. 이 글이 이데올로기 대립의 희생양으로 감옥에 갇힌 한 남자가 자신의 피붙이들에게 고작 한 달에 몇 번 기회를 얻어 간신히 쓸 수 있었던 편지라는 것. 그 사이 스물다섯 살의 청년은 마흔한 살의 중년이 되었다는 것. 한 인간의 사상과 신념, 갈등과 좌절, 사랑과 희망이 오롯이 이 편지들에 담겨 있다는 것. 별의 개수를 매기는 독자 평점이라니, 이 책에 실린 글들은 그야말로 옷깃을 여미지 않을 수 없는, 더없이 절절하고 지극한 한 영

서준식, 《서준식 옥중서한 1971-1988》

혼의 보고서인 것이다.

　편지는 관제엽서나 봉함엽서에 쓰였음에도 한 편에 보통 원고지 십수 매 분량을 헤아린다. 추위에 곱은 손을 호호 불어 가며, 혹은 찜통더위 속에서 구슬땀을 흘려가며, 파지(破紙)를 낸다는 것은 상상할 수도 없는 일이므로 한 글자 한 글자 고심에 고심을 거듭하며 써 내려간 편지. 물론 요시찰 정치범의 편지는 빠짐없이 검열을 당했고, 발송이 불허되거나 아예 편지 쓰기 자체가 금지되기도 했다.

　이 책을 완독하는 데 내가 4개월의 시간을 필요로 했던 것은 글의 내용이 난해했기 때문이 결코 아니다. 서준식의 편지를 읽는 내내 나는 그가 '차마 쓰지 못한 글'까지 읽고 있는 듯한 기분을 느꼈다. 그의 편지에는 쓰여 있지 않았다 ― 일본에 계신 부모님이 차례로 돌아가셨다는 소식을 접한 순간의 충격과 비통함이, 체포된 후 몇 년 동안 전향을 강요하는 살인적인 고문에 시달렸다는 사실이, 지독하게 무섭고 괴로운 악몽을 꾸다 소스라치며 깨어난 차디찬 독방에서의 어느 새벽이, 수십 일간의 단식투쟁으로 목숨이 위태로웠던 절체절명의 순간이, 감옥 안에서 한 여인을 알게 되고 사랑에 빠지고 또 헤어지고 만 상세한 사연이, 그 눈물겨운 17년간의 시간들이, 모두, 온전히, 차마 쓰여 있지는 않았다. 하여 편지의 행간에서 그것을 알아채고 느끼고 되새기는 일은 무척이나 아프고 슬프고 힘겨운 일이었다. 반면 고통 대신 그가 편지에 써 내려간 소박한 기쁨들 — 반가운 얼굴들과 나눈 짧은 면회의 순간, 가족 친지들의 안녕과 발전을 진심으로 걱정하고 기원하는 바람, 어느 일요일 오후 그해 처음으로 보았다는 나비 한 마리, 삭막한 감옥에서 그래도 매일 한 시간씩 아코디언 연습을 할 수 있게 되었다는 희소식 등은 가슴이 먹먹해질 만큼 아름다운 것이었다.

감옥 안에서의 자신을 다잡고 공부와 성찰에 더욱 정진하기 위해 일주일 요일의 이름을 "정의요일" "사랑요일" "집중요일" "용기요일" "인내요일" "절제요일" "소박요일"로 바꿔 버렸다는 대목에서는 아연해지지 않을 수가 없었다. 걸음마조차 떼지 못했던 일본의 조카가 장성해 음악에 관심을 갖게 되었다는 소식을 접하자 한국음악을 소개하고 굿거리장단이며 세마치장단을 매뉴얼처럼 설명해 써 보낸 편지에는 '와, 졌다'라는 기분이 들어 또 쉽게 책장을 넘길 수가 없었다. 감옥에서 열 번째로 맞이하는 겨울의 목표가 "동상 걸리지 않기"라는 구절에, '사상전향서'인지 '준법서약서'인지 말로만 들어 봤던 그 종이 쪼가리 한 장의 엄청난 무게를 실감하게 되어, '이런 고집쟁이, 이렇게까지 가족들을 속상하게 만들 필요는 없잖아!' 주제넘는 신경질이 뻗쳐 책을 덮어 버리고 몇 날 며칠 거들떠보지 않기도 했다. 그가 그렇게 감옥에 있던 시절 초등학생이었던 나는 종종 '반공 글짓기 대회'에서 상

서준식, 《서준식 옥중서한 1971-1988》

장을 받아 오기까지 했던 것이다.

좋은 글을 읽고 좋은 글을 쓰고 싶다는 서준식의 바람 역시 너무나도 극진한 것이어서, 책을 읽는 내내 직업 글쟁이로서 부끄러움을 넘어 자괴감을 느낀 적도 여러 차례였다. 거장이나 대가가 되기에는 어림없는 재능이지만 그래도 부지런히 습작을 하면 신춘문예 등단 정도는 가능한 신인 소설가가 될 수 있지 않을까 하는 그의 조심스러운 기대와 망설임. 배움이 짧은 사촌 동생들에게 수도 없이 독서의 중요성을 강조하며 좋은 책이란 그럴듯한 미사여구를 늘어놓은 책이 아니라, 오직 "착하고 아름답게 살고 싶다"라는 마음으로 쓰여 읽는 사람에게도 "착하고 아름답게 살고 싶다"라는 진정을 불러일으킬 수 있어야 하는 책이라는 그의 일갈. 나는 읽기를 멈추고 어둠 속에서 한동안 웅크린 채 숨을 골라야 했다. 뿌옇게 밝아 오는 새벽 창밖을 넋을 놓고 바라보고 있어야 했다.

그가 말하는 "착하고 아름답게 살기"가 너무도 버겁게 느껴져 그의 글로부터 도망치고 싶다는 생각이 들면서도, 그럴수록 더욱 간절히 그를 직접 만나 보고 싶다는 생각이 들었다. 나는 그를 만나고 싶다. 직접 그의 손을 잡아 보고 싶다. 직접 그의 노래를 들어 보고 싶다. 감옥을 나와 얻은 두 딸을 그가 얼마나 사랑하는지 오래도록 긴긴 얘기를 들어 보고 싶다. 그리고 카레. 편지 속에서 그는 몇 번이나 어린 시절부터 광적으로 좋아했다는 카레 이야기를 한다. 나는 그에게 카레를 만들어 주고 싶다. 제일 좋은 재료들을 엄선해 정성껏 솜씨를 부려 더 없이 푸짐하고 맛있는 카레라이스를 그에게 대접하고 싶다. 정말 그럴 수만 있다면, 그에게만은 아직 나의 글을 보여 줄 용기가 나지 않기에 한순간이나마 진정 착하고 아름답다는 생각이 들 것만 같다.

2007년 1월 29일

서준식, 《서준식 옥중서한 1971-1988》

그녀의 무덤은 이 땅에 있다
야마다 쇼지, ≪가네코 후미코≫

책의 연인

≪가네코 후미코≫ — 이 책의 부제는 "식민지 조선을 사랑한 일본 제국의 아나키스트"다. 지금의 우리에게 '식민지 조선' '일본 제국' '아나키스트(무정부주의자)'라는 말은 피부에 와 닿지 않는 생경하고 현실감 없는 단어일 수 있다. 그러나 가네코 후미코(1903-1926) — 그녀를 설명하기 위해서는 결코 식민지 조선, 일본 제국, 아나키스트라는 말을 빼놓을 수 없다.

가네코 후미코는 1903년 일본 요코하마에서 태어났다. 그녀의 어린 시절은 '불행 그 자체'라는 과장된 표현을 쓸 수밖에 없는 날들의 연속이었다. 지독한 가난보다 더욱 그녀를 괴롭혔던 것은 불화로 점철된 가족사였다. 부모의 부부 관계는 일찍이 파탄에 이르렀다. 후미코는 아버지를 따라 어머니를 따라 떠돌이 생활을 하거나, 친척집을 전전하는 천덕꾸러기 신세로 냉대와 멸시, 학대와 방치 속에서 자라났다.

1912년 아홉 살의 후미코는 할머니의 손에 이끌려 일본의 식민지였던 조선으로 건너간다. 당시 충청북도 청주군(현재 청원군) 부용면에 고모 내외가 살고 있었는데, 그곳에 양녀로 가게 된 것이다. 그러나 그것은 허울에 불과했을 뿐, 고모 내외와 할머니는 어린 후미코를 고된 집안일로 매일같이 혹사시켰다. 다시 일본으로 돌아오기까지 후미코는 고모의 집에서 7년 동안이나 하녀와 다름없는 비참한 생활을 하게 된다. 당시의 서러운 처지 속에서 그녀는 일본의 식민 지배를 받으며 이중 삼중으로 고통과 핍박을 겪고 있던 주변의 가난한 조선인들에게 동질감과 연민을 느끼게 된다. 후에 후미코는 다음과 같이 말했다.

"저는 일본인이긴 하지만 일본인이 너무 증오스러워 화가 치밀곤 합니다. 그때 그저 눈에 비쳤을 뿐인 사건들이 지금은 크나큰 반항의 뿌리가 되어 제 가슴속에 깊이 새겨져 있습니다. 조선 생활 동안의 견

야마다 쇼지, 《가네코 후미코》

문 때문에 저는 조선인들의 일본제국주의를 향한 모든 반항운동에 동정심을 갖게 되었습니다. 저는 도쿄로 올라오자마자 많은 조선인 사회주의자 혹은 민족운동자와 벗이 되었습니다."

1919년 일본으로 돌아온 열여섯의 후미코는 스스로 독립해 살아갈 수 있는 길을 모색한다. 그러나 가족과의 갈등은 끊이지 않았고, 질긴 가난의 굴레와 인습의 폐해로부터 벗어나기란 결코 쉽지 않은 일이었다. 후미코는 혼자 도쿄로 상경해 갖은 고생을 해 가며 자립을 위해 동분서주한다. 누구보다 배움에 목말랐던 그녀는 부단한 독서를 통해 세상에 대한 안목을 넓히고 자신만의 가치관을 다져갔다.

그런 후미코가 운명의 연인이자 사상적 동지인 조선인 유학생 박열(1902-1974)을 만난 것은 그녀의 나이 열아홉, 1921년의 일이었다. 당시 도쿄에는 수많은 조선인 유학생들이 있었다. 그들은 제각각 조선의 내로라하는 수재들이었지만 '내지(內地)'인 일본에서 피지배민족으로서 차별과 설움을 실감하고 있었다. 그 누구도 식민지가 되어 버린 조국의 암담한 현실로부터 자유로울 수 없었다.

당시는 일본을 비롯하여 세계적으로 사회주의, 공산주의, 무정부주의 등과 같은 개혁적 사상이 활발히 대두되던 시기였다. 일찍이 근대화에 성공한 몇몇 열강들이 침략과 약탈을 통해 전 세계를 잠식해 가고 있었다. 열강들이 내세운 제국주의와 자본주의는 극단적인 모순과 사회적 병폐를 양산했다. 현실을 변혁하고자 하는 많은 사람들이 새로운 사상을 그 대안으로 삼고자 했다. 일본의 젊은이들과 지식인들은 물론 조국의 독립을 꿈꾸던 조선의 유학생들도 새로운 사상에 심취했다. 그러나 그것은 제국주의를 신봉하는 일본 정부로부터 강력한 탄압을 받았다.

박열은 누구보다도 적극적인 사회변혁을 꿈꾸던 인물이었다. 후미코를 만날 당시 약관의 나이였던 그가 철저한 사상가의 면모를 갖추고 있었다고는 할 수 없지만, 불합리한 모순에 정면으로 맞서 싸우려는 그의 열정적인 모습에 후미코는 깊은 사랑과 연대감을 느꼈다.

동지이자 연인이 된 후미코와 박열은 아나키스트로서 뜻을 같이하는 사람들을 규합하여 '흑도회(黑濤會)'를 세우고 그 기관지인 <흑도(黑濤)>를 발행했다. 다음은 <흑도>에 실린 '선언'의 일부다.

"우리들은 어디까지나 철저하게 자아에 입각하여 산다. 일상의 일거일동도 모두 자아에서 그 출발점을 구하지 않으면 안 된다. 우리는 철저한 자아주의자를 통하여 인간은 서로 으르렁댈 필요 없이 상호 친밀하게 도울 수 있다는 것을 발견했다.

우리들은 각자의 자유로운 자아의 자유를 무시하고 개성의 완전한

야마다 쇼지, 《가네코 후미코》

발전을 방해하는 불합리한 인위적인 통일에 끝까지 반대하며, 또 전력을 다하여 그것을 파괴하는 데 노력할 것이다.
　우리들은 우리들 자신이 해야 할 것과 해서는 안 되는 것을 우리들 자신이 스스로 판단한다. 밖에서 오는 어떠한 강한 권력도 우리들의 행동을 판단할 수 없을 것이다."

　후미코는 처음으로 자신이 한 인간으로 당당히 살아 있음을 느꼈다. 가족들에게서는 느껴 보지 못한 살가운 사랑과 삶에 대한 의욕을 그녀는 박열과 사상적 동지들, 그리고 독립을 꿈꾸는 식민지 조선을 통해 느꼈다. 후미코와 박열이 경찰에 의해 체포된 것은 1923년 9월 일본을 강타한 '관동대지진' 직후였다. 일본 언론들은 "지진의 혼란을 틈타 천황 일가의 암살을 기도한 불령선인(不逞鮮人) — 불순한 사상을 가진 조선인을 일컫는 말 — 들의 비밀결사가 검거되었다"는 기사를 대서특필했다. 관동대지진 이후 사회적 공황 상태를 잠재우기 위해 조직적인 조선인 학살이 이루어진 것은 이미 잘 알려진 사실이다. 후미코와 박열의 체포 역시 같은 맥락이었다. 흑도회 회원들이 천황을 암살할 목적으로 중국에서 폭약을 입수했으며, 후미코와 박열은 주동자로 지목되어 사형을 언도받았다. 후미코와 박열은 시종일관 의연한 태도로 재판에 임했다. 그들은 감옥에서 혼인신고를 하고 정식 부부가 되었다. 그들의 재판은 일본은 물론 조선에서도 비상한 관심을 불러일으켰다.

1926년, 스물셋의 후미코는 감옥에서 목을 맨 싸늘한 시신으로 발견된다. 그 죽음은 자살로 발표되었으나 사실상 의문사였다. 감옥에서 자서전을 집필하던 후미코가 죽음을 맞이한 것은 황실의 명으로 그녀와 박열의 형량이 무기징역으로 감형된 이후였다. ≪가네코 후미코≫의 저자 야마다 쇼지는 다음과 같이 말한다.

내가 가네코 후미코에게 끌린 가장 큰 이유는 조선인의 고통과 해방을 위한 그녀의 투쟁이 형식적이지 않고 마음 깊은 곳에서 공감해서 나온 행동이었기 때문이다. 가네코 후미코가 그럴 수 있었던 것은, 그녀가 무적자(無籍者)였고, 여자라는 이유로 차별을 받았으며, 나아가 자기의 의지를 무시당한 아픔이 있었기 때문일 것이다. 가네코 후미코에게 조선은 확대된 자아였다.

가네코 후미코의 무덤은 확대된 자아였던 이 땅 조선에, 남편 박열의 고향인 경상북도 문경에 있다.

2006년 5월 2일

야마다 쇼지, ≪가네코 후미코≫

발전이라는 서글픈 오해
헬레나 노르베리-호지, 《오래된 미래》

책의 연인

몇 해 전 겨울, 한 지방의 소도시 A에 다녀올 일이 있었다. 여행이 목적이 아닌 다소 공적인 용무 때문이었다. A시에 가게 된 것은 그때가 처음이었다. 맑고 추웠던 어느 겨울날, 아침나절부터 제법 밤이 깊어질 때까지 일행과 함께 A시에서 하루를 보냈다. 두 차례 식사를 했고, 자리를 옮겨 가며 차를 마셨다. 종일 A시의 이곳저곳을 돌아다녔다.

A시에서 그리 멀지 않은 곳에 꽤 유명한 사찰과 풍광이 뛰어나다

는 도립공원이 있긴 했지만, A시가 사람들 사이에 관광도시로 알려져 있는 것은 아니었다. 그저 그런 평범한 지방의 소도시 — 그렇게 크다고도 할 수 없고, 그렇게 작다고도 할 수 없는, 그렇게 유서 깊다고도 할 수 없고, 그렇게 특색 있다고도 할 수 없는, 도시 A. 딱히 널리 알려진 토산품이나 명물 먹거리가 있는 것도 아니었다. 그러나 A시는 분명 사람들이 살고 있는, 나름의 존재감을 가지고 있는 도시였다. 30만에 가까운 인구가 다른 여느 곳의 사람들과 마찬가지로 자신의 삶을 꾸려 가는 터전이었다.

그날 겨우 하루 동안 보고 느낀 것들이 A시의 참모습일 거라고는 생각하지 않는다. A시의 모든 곳을 속속들이 관찰한 것도 물론 아니다. 그러나 분명한 것은 아무런 연고가 없는 A시에서 완전한 나그네로 하루를 보내고 난 후, 밤이 깊어져 몹시 피로하면서도 허황되고 서글픈 기분에 사로잡혔다는 사실이다. 그날의 번다한 일정 때문만도, 몸을 움츠러들게 하는 추운 날씨 때문만도 아니었다.

A시는 어딜 가나 '발전' 중이었다. 어떤 공공시설의 유치를 둘러싸고 시민들 간의 찬반 논쟁이 있던 모양으로 어딜 가나 수많은 플래카드가 휘날리고 있었다. 어딜 가나 'A시의 발전을 앞당기자!' 등의 문구가 눈에 들어왔다.

철골 구조물을 쌓아 올리고 있는 공사 현장이 몇 십 미터가 멀다하

헬레나 노르베리-호지, 《오래된 미래》

고 모습을 드러냈다. 아파트와 오피스텔, 복합 상가와 대형 음식점 등이 여기저기서 경쟁적으로 세워지고 있었다. 보다 편리하고 보다 현대적이고 보다 부유해지길 기대하며 A시는 '발전' 중이었다. 추운 날씨에도 불구하고 굴삭기와 크레인 등이 바쁘게 움직이고 있었지만, 왠지 그것이 활기차 보이지는 않았다. 주변 풍경과의 안배라는 것은 전혀 고려하지 않은 듯한 건물 모양과 요란하게 고함을 치고 있는 인상을 풍기는 색색깔의 대형 간판들, 오래되고 낡은 것들은 결코 그냥 내버려 둘 수 없다는 식의 가차 없는 개발 논리…….

물론 새삼스러울 것은 없는 일이었다. 이미 서울이나 다른 대도시에서 숱하게 보아 왔던 것들이었다. 개발독재의 반세기를 대한민국 사람으로 살아온 사람이라면 누구나 익숙하게 목격했을 장면들이었다.

저녁 무렵, A시의 신시가지에 도착해 있었다. 신시가지 중에서도 계획적으로 상업 유흥가로 만들어진 곳이었다. 수십 군데의 식당과 카페와 술집과 노래방과 모텔 등이 작은 공원을 둘러싸고 마치 백화점처럼 한데 모여 있었다. 한날한시에 모두 함께 문을 연 듯 그중 어느 것 하나 '새것'이 아닌 것은 없었다. 저녁 식사를 마치고 밖으로 나오자 어두워진 거리에 그들의 간판이 그야말로 휘황찬란하게 빛나고 있었다. 그러나 결코 아름답지는 않았다. 평일의 추운 겨울밤인 탓도 있었겠지만, 그 날 A시의 신시가지 유흥가는 더없이 썰렁하고 을씨년스러웠다. 드물게 오가는 사람들의 얼굴엔 표정이 없었다. 유흥의 감정 따위는 전혀 일지 않았다. 그 황폐한 화려함이 괴기스럽게까지 느껴질 정도였다.

한참을 망설이다 들어선 '야누스'라는 이름의 스카이라운지 카페는 고대 그리스 로마풍의 조각품들로 장식되어 있었다. '서울에선 요즘 이런 게 유행이래, 어때, 이 정도면 좀 있어 보이지?' — 그저 흉내를 내었을 뿐이라는 인상을 지울 수 없는 조악한 인테리어였다. 수천 년 전 신과 인간의 존재를 고민하며 만들어졌던 위대한 예술품들은 그렇게 형편없이 이물스러운 키치로 전락해 있었다.

도대체 '발전'이란 얼마나 많은 오해인가. 보릿고개 근절과 전깃불과 수세식 화장실 등으로 상징되던 '발전'은 넓은 도로와 높은 빌딩과 편리한 자동차를 지나, 최첨단의 전자 제품과 초호화의 해외여행과 부지런히 트렌드를 쫓는 사치로 오해되어 왔다. 우리는 정말 '발전'한 것일까?

스웨덴의 여성학자 헬레나 노르베리-호지가 16년간의 티베트 라다크에서의 생활 경험을 바탕으로 저술한 《오래된 미래》는 이미 너무나도 잘 알려진 책이다. 사회과학 분야에서 이제는 고전에 속한다고 할 수 있을 정도의 필독서이자 스테디셀러이다. 그러나 이 《오래된 미

헬레나 노르베리-호지, 《오래된 미래》

래»는 아직까지 충분히 읽히지 않은 것이 분명하다. '발전'에 대한 오해가 이 나라에서, 이 지구상에서 그치고 있지 않기 때문이다.

비단 이 책뿐만이 아니라, 우리는 언제부터인가 제법 빈번하게 여러 매체들을 통해 '티베트'를 접하고 있다. 그들의 소박하고 검소한 삶, 경건한 신앙, 따뜻한 공동체와 진정한 마음의 평화와 행복을 추구하는 그들의 지혜를 우리는 이미 잘 알고 있다. 그들이 우리보다 훨씬 가진 것이 적고 훨씬 열악한 환경 속에서 살고 있지만, 우리는 그들이 환경 호르몬이나 새집 증후군에 시달리지 않는다는 사실을, 지긋지긋한 스팸 메일을 지우는데 시간을 낭비하지 않는다는 사실을, 신변을 비관해 달리는 지하철에 뛰어들어 스스로 목숨을 끊지 않는다는 사실을, 사교육비가 부담스러워 출산을 기피하지 않는다는 사실을 알고 있다. 이미 잘 알고 있다.

«오래된 미래»는 아직까지 충분히 읽히지 않았다. 그 뒤로 A시에 가 본 적이 없지만 A시는 틀림없이 계속 발전 중일 것이다. 발전에 발전을 거듭해도 왜 계속 문제가 생기는지, 왜 계속 공허하고 황폐해져 가는지 의아해하면서도 말이다. 물론 다른 많은 곳들과 마찬가지로……. 어느 라다크인이 헬레나 노르베리-호지에게 티베트어로 적어 준 노래의 몇 구절을 옮겨 본다. «오래된 미래»는 더욱 많이 읽혀

져야 한다.

    이곳의 우리에게 진보는 없어도
    복된 마음의 평화가 있다
    기술을 갖고 있지 못해도
    더 깊은 법의 길을 가지고 있다
    (……)
    죽음의 시간에는 쌓아온 행적 말고는
    한 조각의 부도 가져갈 수 없다
    우리가 하는 선하고 악한 행동이
    우리의 기쁨과 슬픔을 만들어 낸다

2006년 1월 23일

헬레나 노르베리-호지, 《오래된 미래》

상처는 어떻게 유령이 되는가
마이클 길모어, 《내 심장을 향해 쏴라》

이 책은 우울하다. 굉장히, 치명적으로 우울하다.

  이 책이 그려 내고 있는 우울은, 이 책이 유발시키고 있는 우울은 단순히 감상적인 차원의 것이 아니다. 그것은 무언가 영혼의 일부가 파괴되는 듯한 고통을 수반하는 심각한 우울이다. 짐짓 돌이킬 수 없는 우울이다. 아무리 외면하려고 해도, 아무리 벗어나려고 해도 결국 그 자체로 받아들일 수밖에 없다는 결론에 이르게 되는 숙명적인 우울인 것이다.

  개리 길모어(1940-1977)는 미국 역사상 가장 유명한 범죄자 중의 한 사람으로 알려져 있다. 그는 1976년 유타주 프로보에서 이틀간 두 명의 무고한 시민을 총으로 쏘아 살해했다. 그것은 개인적인 원한에 의한 살인이 아니었고, 사전에 치밀하게 계획된 범죄도 아니었다. 개리 길모어는 어려서부터 소년원을 들락거린 문제아였으며, 이미 노상 강도 혐의로 10년에 가까운 세월을 감옥에서 보낸 이력의 소유자였다. 당시 가출옥 상태였던 그는 평생에 걸쳐 형성된 충동적이고 모순적인 파괴 욕망을 제어하지 못하고 또다시 비극적인 범죄를 저지르고 만 것이다. 개리 길모어는 곧 체포되었고 법원으로부터 사형을 선고받았다.
  그가 미국 전역으로 악명을 떨치기 시작한 것은 바로 그때부터였다. 당시 미국에서는 사형 제도 폐지를 놓고 오랜 기간 논쟁이 계속되고 있었다. 연방 법원에 의해 사형 제도가 합헌이라는 결정이 나긴 했지만, 폐지론 쪽의 여론도 만만치 않아 그로부터 과거 10년 동안은 실제 사형이 집행된 적이 없었다. 사회적으로 예민한 문제였던 만큼 사형선고가 내려졌다 하더라도 그것은 관례상 곧 종신형을 의미했다.

마이클 길모어, 《내 심장을 향해 쏴라》

그런데 개리 길모어의 경우는 달랐다. 그는 법정에서 스스로 사형 집행을 원한다고 말했다. 그것도 총살을 원한다고 말했다(책의 제목인 "내 심장을 향해 쏴라"는 거기에서 연유한다). 사실상 종신형으로 목숨을 건질 수 있는 상황에서 개리 길모어는 '굳이' 죽음을 선택하고 나선 것이다. 사형 제도의 존폐 논쟁과 맞물려 그는 단숨에 사람들의 이목을 집중시켰다. 미국의 모든 언론이 경쟁적으로 개리 길모어의 사건을 다루었고, 그는 시사주간지 <뉴스위크>의 표지 모델로까지 등장했다.

개리 길모어는 악마적인 매력을 가진 범죄자였다. 사형제도폐지 논쟁이 자신으로 인해 더욱 불붙는 와중에서, 그는 태연하게 권력을 비웃고 대담하게 법과 언론을 조롱하는 한편 침착한 모습으로 죽음에 의연한 태도를 보였다. 화가로서의 숨겨진 재능까지 알려지면서 그는 일약 사회적 유명 인사가 되었다. 그를 영웅으로 미화하는 사람들도 생겨났고, 악마의 화신으로 저주하는 사람들도 생겨났다. 개리 길모어가 미국에서 가장 유명한 범죄자 중의 한 사람이 된 것은 바로 그러한 이유에서였다.

《내 심장을 향해 쏴라》는 개리 길모어의 사형이 집행된 지 — 그는 자신의 바람대로 총살형을 당했다 — 17년이 지난 후 세상에 나온 책이다. 책의 저자인 마이클 길모어는 저명한 음악 평론가이자 에세이스트인데, 바로 죽은 개리 길모어의 막내 동생이었다.

여기 한 사람의 흉악한 범죄자가 있다. 그의 인생은 다음과 같이 요약할 수 있다. 그는 불우한 환경에서 어린 시절을 보냈다. 그의 아버지는 그를 가혹하게 학대했고, 그는 자신의 어머니와 형제들이 아버지에게 얻어맞는 장면을 숱하게 목격하면서 자랐다. 그는 반항심에 사로잡혔고 일찍부터 문제아로 낙인찍혔다. 그의 비행은 심각한 수준에 이르렀고 그는 이내 소년원으로 보내졌다. 그는 거기에서 더 큰 폭력과 모순과 절망을 경험했다. 그는 어른이 되어서도 정서적 안정과 평온한 사랑을 얻지 못한 채, 자신과 세상을 파괴하려는 욕망에 시달리다 결국 살인자가 되었다.

이렇게 요약되는 인생이란 분명 비극이라 할 수 있다. 또한 분명한 것은 그러한 비극이 세상에 너무나 흔하다는 사실이다. 비단 개리 길모어만이 그러한 불행을 겪은 것이 아니다. 또 그러한 불행을 겪었다고 해서 모두가 다 범죄자가 되는 것도 아니다.

인생에는 단순한 요약만으로는 도저히 파악할 수 없는 깊고 심오한 비밀과 진실이 있다. 살인자의 가족, 총살을 자처한 사형수의 동생 마이클 길모어는 그 비밀과 진실에 다가가고자 자신의 모든 것을 걸고 이 책을 써 내려갔다.

마이클 길모어, 《내 심장을 향해 쏴라》

그는 단순히 형의 범죄 행각을 쫓는 것에 그치지 않는다. 마이클 길모어는 자신의 부모는 물론 백여 년의 세월을 거슬러 조부모, 증조부모의 삶까지 집요하게 추적한다. 또한 고향의 문화와 종교 속에서 자신의 형제들이 어떻게 성장했는지 세밀하게 묘사한다. 자신의 가족들을 하나하나 치밀한 소설 속의 인물처럼 완벽하게 되살려 놓는다. 그것은 자신의 형이 왜 미국에서 가장 유명한 사형수가 될 수밖에 없었는가를 알아내기 위한 지난한 시도였고, 자신의 가족에게 내려진 형벌과도 같은 불행한 운명이 언제 어디서 어떻게 시작됐는가를 찾아내기 위한 필사적인 노력이었던 것이다.

물론 마이클 길모어는 그 과정에서 가위 눌림을 당하는 듯한 공포와 고통에 시달려야 했다. 자신과 가족의 치부가 들춰지고, 애써 외면하려했던 추악한 사실들이 드러나면서 세월로 인해 아물어가던 상처는 다시금 생생한 괴로움으로 다가왔다. 형의 죽음을 막지 못했다는 죄책감과 인간이 가진 어둠에 대한 절망. 돌이킬 수 없는 불행과 운명 앞에서 그는 결국 상처의 완전한 치유라는 것은 영원히 불가능하다는 소름끼치도록 냉엄한 결론에 다다른다.

이 책에서 길모어 가족들은 자주 유령을 목격한다. 여기서의 유령은 섬뜩한 공포와 불행한 운명을 암시하는 악몽과도 같은 존재다. 또

한 인간이 가진 모순과 부조리, 그로 인해 만들어진 불행과 상처들이 한데 뒤섞여 미친 듯이 소용돌이치는 블랙홀이기도 하다. 이 책은 우리들 누구나 자기 자신 속에 그 유령을, 그 무시무시한 블랙홀을 가지고 있다고 경고하고 있다. 이 책은 우울하다, 굉장히, 치명적으로 우울하다.

2006년 2월 15일

마이클 길모어, 《내 심장을 향해 쏴라》

'현대소녀'의 탄생
장-자크 르세르클 外, ≪앨리스≫

그 여자아이는, 그러니까, 좀 복잡한 여자아이다. '여자아이'라는 단어 앞에 '복잡한'이란 수식어가 사용된다는 것 — 순진한, 귀여운, 새침데기, 말괄량이 따위 대신 — 역시 복잡한 일임에 분명하다. '복잡한 여자아이'란 우선 그리 흔치도 않을 뿐더러 무엇보다 어른들에게 있어 맘편히 다루기 곤란한, 난감한 존재이기 때문이다.

그 여자아이의 복잡함에 대해 살펴보자 — 채 열 살이 되지 않은 이 어린 소녀를 '착한 아이'라고는 말할 수 없다. 그러나 '나쁜 아이'라고는 더더욱 말할 수 없다. 아이는 아이이면서도 선과 악의 이분법적 세계에 살고 있지 않다. 덕분에 여자아이는 '권선징악'으로부터 자유로우며 고리타분한 도덕적 '교화의 대상'이 아니다. 우리가 주목할 부분은 그럼에도 불구하고 여자아이가 '동화' 속의 주인공이란 사실이다.

(여느 동화 속의 주인공들과는 달리) 여자아이는 가련한 고아나 헐벗은 가난뱅이가 아니다. 그렇다고 더없이 아름다운 공주이거나 고결한 부자인 것도 아니다. 여자아이에게는 자신을 핍박하는 계모나, 협력 관계나 적대 관계를 이루고 있는 형제자매가 존재하지 않는다. 더구나 여자아이는 '아주 먼 옛날 옛적에' 살고 있지도 않다. 그럼에도 여자아이는 특별한 모험을 경험한다. 그런데 그 모험은 다른 동화들처럼 극복해야 할 고난이나 운명의 시련에서 기인하는 것이 아니다. 모험이 시작된 것은 어느 따뜻한 오후 여자아이가 문득 무료함을 느꼈기 때문이다. 그저 심심했다는 것이다. '권태'를 느낀다는 것 — 그것은 분명 '현대성'의 한 편린이다.

이쯤 되면 여자아이는 '이름'을 가져야 한다. 소녀의 이름은 '앨리스' — 1865년 영국 작가 루이스 캐럴(1832-1898)에 의해 창조된, 너무나도 유명한 동화 《이상한 나라의 앨리스》의 주인공이다.

《이상한 나라의 앨리스》의 배경이 되는 '이상한 나라(Wonder

장-자크 르세르클 外, 《앨리스》

Land)'는 말 그대로 참으로 이상한 곳이다. 그곳은 지극히 비현실적이며 비논리적인 공간으로, 뒤죽박죽 황당무계하며 모순투성이 수수께끼와 얽히고설킨 퍼즐 조각들이 넘쳐나는 곳이다. 그러한 곳에서 예의 '복잡한 여자아이'인 앨리스에게 벌어지는 일들이 이상하지 않을 리가 없다. 나이를 먹으며 유연한 상상력을 치명적으로 상실한 많은 어른들은 그러한 설정을 '어린애들이 읽는 동화가 다 그렇지, 뭐' 하고 무심히 넘겨 버린다. 그러나 과연, 동화는 정말 다 그러한 것일까?

《이상한 나라의 앨리스》의 '이상함'은 다른 여느 동화들의 '이상함'과는 확연히 구별되는 독특한 것이다(우리는 독이 든 사과를 먹고 죽은 줄만 알았던 백설공주가 왕자의 입맞춤으로 되살아난다든지, 마법사의 도움으로 화려하고 아름다운 아가씨로 변신했던 신데렐라가 밤 12시를 알리는 종소리와 함께 다시 볼품없는 부엌데기로 돌아온다든지 하는 동화 특유의 '이상함'에 대해 이미 잘 알고 있다). 요컨대, 《이상한 나라의 앨리스》에는 기존의 동화들에선 찾아볼 수 없었던 '낯선 요소'들이 전면에 등장한다 ─ 선악의 구별이 모호한 인물들의 즉흥적인 태도와 무의미한 행동, 부조리한 사건과 상황의 전개, 아이러니와 패러디가 주를 이루는 언어적 유희, 고정관념의 전복과 진지함에 대한 풍자, 전통적인 이야기 구조와 도덕적 교훈의 부재 등등.

이 특별한 동화의 중심에 바로 그 소녀, 앨리스가 있다. 장-자크 르세르클을 위시한 여러 학자들이 그들의 공동 저서인 《앨리스》를 통해 이 이상한 나라의 이상한 소녀 앨리스를 집중 분석하고 있다. 그들은 결코 '착하고 예쁘고 가련한 여자아이'가 아닌 앨리스가 기존의 동화들에는 존재하지 않았던 '복잡한 여자아이'로서의 개성을 가진 현대적인 소녀임에 주목한다.

이 여자아이는 자율적이다. 부모로서의 우리의 기대를 만족시켜주지는 않지만, 앨리스의 삶은 — 학교 안 혹은 학교 밖에서 이루어지는 주입의 대상인 유용한 지식보다는 — 모험으로 가득 차 있다. 앨리스는 순진하다기보다는 발랄하다(물론 앨리스가 '부도덕'한 것도 아니다. 앨리스는 항상 가정교사의 행동 지침을 따를 준비가 되어 있다). 그러나 실제로 앨리스는 '무도덕'하다. 앨리스는 이런 종류의 행동 지침에는 거의 신경을 쓰지 않는 세계에 너무도 빨리, 그리고 너무도 잘 적응한다. 앨리스는 순수하다기보다는 무책임하다(인생에 대한 책임감은 조만간 회복될 것이다). 자주적이라는 단어에 이 모든 기질이 포함된다.

앨리스는 또한 '호기심'의 대명사이기도 하다. 우리가 호기심, 하면 떠올리는 또 다른 인물은 바로 고대 신화에 등장하는 '판도라'다. 앨리

장-자크 르세르클 外, 《앨리스》

스는 앞뒤 가리지 않고 어두컴컴한 토끼 굴로 뛰어들었고, 판도라는 스스로의 욕구를 억누르지 못하고 금지된 상자를 열었다. 동화 속의 소녀도 신화 속의 여인도 모두 모험에 몸을 맡긴 것이다. 그러나 모험에는 반드시 대가가 따른다. 잘 알려진 대로 판도라의 호기심은 파멸과 재앙을 불러일으켰다. 전통적인 가치관에 있어 언제나 — 특히 여자의 — 왕성한 호기심은 그리 권장할 만한 품성이 되지 못했다. 그러나 앨리스의 경우는 다르다.

사실 오늘날 앨리스를 높이 평가하게 만드는 점이 바로 이러한 충동적인 성격이다. 하지만 충동적인 성격은 어리석음이나 덤벙거림의 표시가 아니라 자신의 운명을 제 손 안에 움켜쥐는 능력, 자신의 욕망을 추구하는 능력, 행동하기 이전에 의견을 묻지 않는 능력인 것이다. 앨리스의 모험 일정은 우연에 의해 좌우된다. 앨리스가 그 모험의 일정을 정하는 것은 아니지만, 그렇다고 그녀의 가족이나 사회가 정해 주는 것도 아니다.

앨리스는 혼돈과 혼란을 경험한다. 그것은 무모하고 충동적인 호기심의 대가다. 그러나 혼돈과 혼란을 감내하며 모험을 이어가는 앨리스는 판도라와는 달리 스스로에게 질문하는 법은 터득한다. '이토록 이

'상한 세계 속에서 과연 나는 누구란 말인가?'

앨리스는 여자아이들에게 금지된 일들, 즉 모험을 감행한다. 모험은 셀 수 없이 많으며, 이 모험들은 공간적(앨리스는 앞으로 나아가고, 탐험하고, 길을 잃어버린다), 시간적(거울 나라에서는 시간이 거꾸로 흐르며, 상처를 입기도 전에 벌써 고통의 비명 소리가 터진다), 육체적(앨리스의 키는 커졌다 작아졌다를 끊임없이 반복하는데, 이것은 소녀에서 여인으로 변신하게 됨을 은유적으로 미리 알려주는 것이다), 정신적(앨리스는 숲을 지나가면서 자기 이름을 잊어버리는데, 그래서 아기 사슴과 우정을 맺게 되며, 자주 자신의 정체성을 의심하게 된다)인 모험이다.

계모에게 억울하게 핍박받는 착하고 가련한 소녀도 아닌, 백마 탄 왕자의 입맞춤으로 새로운 삶을 얻는 아름다운 공주도 아닌, 앨리스는 언제나 앨리스 자기 자신이다. 이상한 모험 속에서 용기와 지혜로 정체성을 찾아가는 온전한 단독자 — '현대소녀' 앨리스의 수많은 후예들이 지금 21세기 지구를 누비고 있다.

2006년 6월 6일

장-자크 르세르클 外, 《앨리스》

우리에게 한국전쟁은 무엇이었나?
김동춘, 《전쟁과 사회》

최근 몇 년 동안, 6월을 상징하는 것은 단연 '월드컵'이다. 물론 4년 만에 다시 월드컵이 열리는 올해는 말할 것도 없다. 축제, 응원, 함성, 열기…… 뜨거운 여름이 시작되고 붉은 장미가 만발하는 화려한 계절답게 열정적인 에너지가 한 달 내내 거리 곳곳에 넘쳐난다. 4년 전, 한국인 모두가 하나가 된 것 같던 그 강렬한 일체감의 기억은 쉽게 잊히지 않을 것이다.

직접적인 것이든 간접적인 것이든 민족 모두의 공통적인 체험은 마치 핏줄 속에 각인된 DNA 정보처럼 오래도록 남게 된다. 그러므로 우리는 유전된 기억으로 기억한다. 뜨거운 응원의 함성과 열기에 뒤덮인 6월이라는 시간 속에 다른 무언가가 들어 있다는 것을.

그것은 애석하게도 더없이 어둡고 음울한 기억이다. 아무리 모른 척 외면하려 해도, 아무리 잊으려 애를 쓴다 해도 소용없는 일이다. 월드컵의 체험과는 비교할 수 없을 정도로 깊고 강렬하게 되살아나는 폭력과 공포의 기억, 비극과 슬픔으로 점철된 '전쟁'이라는 추억. 갈등과 대립은 여전히 존재하고 증오와 저주, 상처와 고통은 좀처럼 아물지 않는다. '한반도에서 전쟁은 아직도 현재진행형이다'라는 말조차 식상하게 느껴질 정도로 1950년 6월에 발발한 '한국전쟁'은 휴전이라는 불안정한 상황 속에서 56년째 계속되고 있다.

시청 앞 광장에서 붉은 티셔츠를 입고 '대~한민국!'을 외치고 흥에 겨워 록 버전의 애국가를 부르고, 꼭짓점 댄스로 발랄함을 과시하는 자유로운 젊은 청춘들을 보자. 그들은 56년 전 열강들의 세력 다툼과 이데올로기의 대립으로 이 땅에서 일어났던 피비린내 나는 동족 간의 전쟁과는 얼핏 무관해 보인다. '전혀'라고 해도 좋을 만큼 무관해 보인다. 그들은 전쟁을 모른다. 그들에게 전쟁이란 축구이거나 영화이거나 게임일 뿐이다. 그러나 축제가 끝나고 난 뒤, 그들의 대부분은 자신의

김동춘, 《전쟁과 사회》

의지와는 상관없이 이 나라에서 태어났다는 이유만으로 군대에 입대해야 한다. 자신이 아닐 경우라도, 자신의 가족이나 친구나 연인을 군대로 떠나보내야 한다. 자유분방한 응원의 몸짓 대신 그들은 엄격한 제식훈련을 받고, 실탄이 장전된 총을 지급받는다.

    기억할 수 없다 해도 우리의 유전자 속에는 한국전쟁이 각인되어 있다. 우리는 바로 가마솥과 솜이불을 지게에 짊어지고 고단한 피난길에 올랐던 시골 촌부의 자손들이기 때문이다. 미국의 구호물자를 받기 위해 주린 배를 움켜쥐고 긴 줄을 서야 했던 헐벗은 소년들이 우리의 아버지였고, 학살당한 남편의 시신 앞에서 넋을 놓고 울부짖는 젊은 아낙이 우리의 할머니였다. 우리는 공포에 질려 부역자가 아님을 증명하기 위해 태극기와 인공기를 번갈아 흔들어 댈 수밖에 없었던 힘없는 민초들, 목숨을 위협받으며 지독한 사상 검증을 받아야 했던 처량한 전쟁 포로들의 자손들인 것이다.

    그러나 지금 까마득히 잊혀져 가는 한국전쟁을 다시 말하는 것이, '잊지 말자, 6^25! 때려잡자, 공산당!' 식의 반공 구호를 외치기 위함일 수는 없다. 전쟁을 겪었던 세대들에게 당시의 고생담이나 무용담을 전해 듣고 단순히 혀를 끌끌 차기 위해서는 더더욱 아니다.

    성공회대 김동춘 교수의 역작 《전쟁과 사회》는 "우리에게 한국전쟁은 무엇이었나?"라는 부제를 달고 있다. 그는 책머리에 지난 반세기 "한국전쟁을 직, 간접으로 겪은 한국인들이 갖는 본능적인 공포감과 순응주의"가 한국이란 나라의 그 모든 주요한 특징을 형성시켰으며, "한국전쟁을 이해하지 않고서는 오늘의 한국 정치, 한국 경제, 한국 사회, 한국의 법과 사회심리, 이데올로기 등 모든 것을 제대로 이해할 수 없다는 다소 상식적이지만 확실한 결론에 도달하였다"고 말하고 있다.

그는 우선 '6∧25'란 용어에 대해 지적한다. 이미 현대 세계사에 있어 공식적인 용어로 사용되고 있는 '한국전쟁(Korean War)'이란 말보다 우리에겐 '6∧25'란 용어가 더 익숙하다. 그것은 한국전쟁을 마치 4∧19, 10∧26, 12∧12, 5∧18처럼, 하나의 사건 — 즉, '북한괴뢰'의 급작스러운 침략으로 인해 벌어진 도발적인 테러 — 처럼 다루려는 과거 반공 정부의 발상에서 기인한 것이다. 6월 25일, 전 세계적으로 '전쟁 발발일'을 기념하는 나라는 우리뿐이다. 전쟁의 메시지를 되새기고 평화를 기원해야 한다면 기념일이 되어야 하는 것은 전쟁 발발일이 아니라 휴전일 혹은 종전일이어야 마땅하다.

한국 사회의 모든 분야에 뿌리 깊이 박혀 있는 상명하복의 군대 문화, 수십 년 동안 이어진 군사독재, 여전히 선진국 수준에 도달하고 있지 못한 인권 문제, 문화와 사상의 다양성을 인정하지 못하는 편협한

김동춘, 《전쟁과 사회》

획일주의와 배타주의, 목적을 달성하기 위해서는 그 어떤 변칙도 마다하지 않는 목표 지상주의, 남을 밟고 오르지 못하면 내가 밟힌다는 식의 가차 없는 생존 경쟁 등등. 한국전쟁의 경험으로 인해 형성된 이러한 한국 특유의 모순과 부조리는 우리의 일상에까지 깊이 침투해 있으며, 아직까지도 그 막강한 영향력을 행사하고 있다.

김동춘은 그동안의 한국전쟁에 대한 연구가 "민족, 민중, 인권, 여성의 관점이 완전히 배제되어"있음을 지적한 뒤, '피난' '점령' '학살' 등의 주제에 초점을 맞춰 한국전쟁을 분석하고 있다. 우리가 익히 알고 있는 인천상륙작전, 서울 수복, 중공군의 개입, 지리한 휴전협정 등은 전쟁의 과정, 전쟁의 일부에 지나지 않는다.

《전쟁과 사회》를 읽는 것은 책장을 넘기기 힘들 만큼, 잠을 이루지 못할 만큼 괴로운 경험이다. 국가권력이란 이름 아래 행해진 잔인한 학살, 원시적인 증오와 야만적인 폭력만이 존재하는 전쟁의 공포, 이 땅의 이름 없는 민중들이 겪어야만 했던 참혹한 고통과 거대한 슬픔이 책장 곳곳에 아프게 배어 있다. 그러나 그것은 잊을 수도 없고 잊어서도 안 되는 일이다. 원수를 갚기 위해서가 아니다. 휴전인 전쟁을 종전시키기 위해서다. 21세기, 더 크고 더 당당한 목소리로 '대~한민국!'을 외치기 위해서다.

거리 응원의 신명 나는 축제를 마치고 돌아온 모든 이들에게 진심을 담아 이 책을 권한다.

2006년 6월 28일

김동춘, 《전쟁과 사회》

'옳다'라고 말하지 않는 종교
가와이 하야오, 나카자와 신이치, 《불교가 좋다》

책의 연인

'정치(政治)' 못지않게, 아니 정치 이상으로 민감하고 다루기 곤란한 것이 바로 '종교(宗教)'일 것이다. 헌법에 엄연히 정치와 종교의 자유가 보장되어 있음에도 불구하고, 정치와 종교 모두 우리의 일상에 밀착되어 있음에도 불구하고, 그 둘은 때로 대화의 소재로 삼기에 무척이나 거북한 것이 된다. 특히 '나는(나의 정치적 태도나 종교적 신념은) 옳고, 너는(너의 정치적 태도나 종교적 신념은) 틀렸다'는 식의 화법을 사용하는 경우라면 더욱 그렇다. 대화의 분위기는 거북하고 심각한 것을 넘어 험악하고 적대적인 것으로까지 변질된다. 특별한 자리가 아니라면 정치와 종교를 화제로 삼지 않는 것이 일반적인 에티켓이자 유용한 처세임을 사람들은 인지하고 있다.

유사(有史) 이래 인류 모두에게 적용될 수 있는 '정답'을 제시한 정치나 종교는 없었다. 그 진리는 앞으로도 변함이 없을 것으로 예상되지만 그 진리가 온전히 받아들여질 가능성은 무척이나 희박해 보인다. 유사 이래 인류는 정치와 종교를 이유로 숱한 대립과 파멸을 경험했다. 잔혹한 살육과 참담한 재앙도 끊이지 않았다. 그럼에도 그 비극은 아직까지도 계속되고 있다. 유사 이래 인류가 정치와 종교 때문에 흘린 피와 눈물은 지구의 모든 강과 바다로 흘러들었다. 정치와 종교에 대해 '나는 옳고 너는 틀렸다' 식의 논리가 사라지지 않는 이상, 정치와 종교가 권위와 탐욕과의 결탁을 그치지 않는 이상, 앞으로도 지구의 모든 강과 바다로 인간의 피와 눈물이 끊임없이 흘러갈 것은 자명한 일이다.

아무튼 거북한 '종교' 얘기를 한번 해 보려 한다. 교묘히 혹은 지혜롭게 '나는 옳고 너는 틀렸다'의 함정을 피해 가면서 말이다.

《불교가 좋다》— 이 책을 선택하게 된 것은 우선 책의 제목이 《불

가와이 하야오, 나카자와 신이치, 《불교가 좋다》

교가 옳다»가 아니었기 때문이다. '좋다'와 '옳다'는 각기 품고 있는 우주가 다르다. 더구나 이 책은 전문적인 학술 서적이 아니며, '바이블'이나 '코란' '금강경'이나 '화엄경' 같은 종교의 경전은 더더욱 아니다.

한 개인의 종교적 신념과 편견을 떠나 말하건대, 불교는 분명 매력적인 종교다. 역시 그러한 생각에 동의하는 일본의 대표적인 두 지성 가와이 하야오(1928-)와 나카자와 신이치(1950-)가 예의 불교의 매력에 대해 깊이 있는 대화를 나눈다.

가와이 하야오는 '일본인의 마음을 다스리는 정신적 지주'로 불리는 임상심리학자로 '융 학파'의 세계적인 권위자이기도 하다. 그는 신화, 문학, 종교, 과학, 심리학을 아우르는 방대한 지식을 수백 권의 저서와 역서로 펴냈으며, 교토대학 교수를 거쳐 현재 일본 문화청 장관으로 재임하고 있다. 한국 문화에도 많은 관심을 가져 한일 문화 교류 사업을 적극적으로 추진하고 있으며, 이창동 감독의 영화를 좋아하고 <아리랑> <비목> 등의 한국 민요와 가곡을 플루트로 연주한다고 한다. 국내에도 그의 저서가 여러 권 번역되어 있다. 나카자와 신이치 역시 일본을 대표하는 철학자이자 종교학자로 일본의 미래를 이끌 차세대 사상가로 주목받고 있다. 그는 도쿄대학에서 종교학을 전공한 뒤 네팔에서 티베트 불교를 연구하고 수행했다. 일본으로 돌아온 후 왕성한 학술 활동을 하고 있으며 현재 일본 주오대학 교수로 재직하고 있다.

《불교가 좋다》는 <아사히신문>에 연재된 대담 기획물로 가와이 하야오와 나카자와 신이치가 불교에 대한 지식, 사유, 깨달음 등 자신들의 의견을 자유롭게 주고받는 형식으로 이루어져 있다. 임상심리학자로 평생 인간의 '마음'에 대해 깊이 고민해 온 가와이 하야오는 과학적 분석만으로는 해결할 수 없던 마음의 문제를 불교를 통해 그 실마리를 풀어 가게 되었다고 말한다. 세계의 여러 종교를 두루 깊이 있게 연구한 나카자와 신이치는 자신의 학자적 관심과 애정이 크리스트교와 이슬람교에서 결론적으로 불교로 이동하는 과정을 흥미롭게 들려준다. 그들의 대화는 다음과 같은 식이다.

가와이 – (……) 결국 일신교의 계율에서는 신이 인간에게 명령을 하죠. 그것도 절대적인 명령이죠. 따라서 그 명령을 어기는 것은 죄악입니다. 벌을 받죠. 하지만 불교의 계율은 나카자와 선생이 말한 것처럼, 가장 잘 사는 법, 즉 살아가는 요령을 말해준다고나 할까요? 그때 '이건 안 돼.' '이쪽으로 가면 안 돼.' '저쪽으로 가서는 안 돼.' 하는 식으로 '안 돼.'라고 말하며 인도를 해주죠. 계율의 의미가 서로 전혀 다르지요.

나카자와 – 불교의 계율은 왜 그토록 구체적일까 하는 수수께끼는

가와이 하야오, 나카자와 신이치, 《불교가 좋다》

거기서 실마리를 찾을 수 있습니다. 그때그때 어떻게 대응할 것인가에 대한 지침을 가르쳐주는 구체적인 매뉴얼인 셈이지요.

가와이 — 네, 그렇죠. 그렇기 때문에 그 계율을 지키지 않는 자는 벌을 받는 것이 아니라 극락왕생에 실패하는 거죠.

나카자와 — 죄를 범하는 게 되니까 하지 말라는 식이 아니라, 이러저러한 것을 하면 똥통에 빠져, 그러니까 하지 말라는 식의 계율이지요. (……)

두 석학이 공통적으로 주목한 불교의 가장 큰 특징은 바로 불교가 '종교가 아닌 종교'의 성격을 갖고 있다는 점이다. 그것은 신과 인간의 관계를 '명령과 복종'이라는 극단적인 비대칭의 관계로 설정하는 다른 종교들과는 달리 '깨달은 자는 모두 부처다'라는, 참된 진리를 통해 인간 스스로가 신이 될 수 있다는 불교의 가르침에 기인한다. 인간은 신에 의해 구원을 받는 것이 아니라, 스스로의 마음을 다스림으로써 스스로를 구원한다. 무엇도 절대적인 것은 없다.

불교는 '대칭'의 종교다. 대칭은 곧 '공존'을 의미하며, 그것은 오랜 과거로부터 현재에 이르기까지 지구를 양분하여 대립하고 있는 크리스트교 문화권과 이슬람교 문화권 사이에 갈등을 극복할 수 있는 지혜를 불교가 제시할 수 있음을 시사한다.

나카자와 – 이제 현대에 있어서 불교는 무엇인가 하는 문제가 대두됩니다. 붓다와 똑같은 삶이나 전략을 다시 한 번 실현하고자 한다면, 불교는 일신적(一神的)이며 초국가적인 거대제국이 막강한 세력을 휘두르고 글로벌 스탠더드가 세계를 정복해가는 이 세계 안에서, 그런 것은 인간 정신의 이상적인 모습이 아니라는 걸 이해하고 그 속에 지혜가 생명력을 갖도록 하는 방법으로 거듭나야 하는 것이 아닐까요?

가와이 하야오와 나카자와 신이치는 서로의 학식과 인품을 존경하며 삼가듯, '불교적'으로 대화를 나눈다. 불교와 성(性)의 문제, 불교에서 말하는 행복의 의미, 과학 문명의 폐단에 대한 불교적 대안, 부정(否定)을 통한 불교적 성찰, 불교가 가진 현대성 등 그들의 대화를 통해 독자는 '옳다'라고 말하지 않음으로써 '옳다'는 것을 증명하는 불교가 '좋다'는 것을 실감하게 될 것이다.

2006년 5월 30일

가와이 하야오, 나카자와 신이치, 《불교가 좋다》

그의 역사가 우리의 역사다
정수일, ≪소걸음으로 천리를 가다≫

책의 연인

여기 '파란만장하다'고 밖에 표현할 수 없는 한 사람의 인생이 있다.

정수일 — 그는 일제 강점기 연변에서 가난한 유민(流民)의 아들로 태어났다. 연변고급중학교를 거쳐 이민족의 신분으로 중국 최고의 수재들만이 모인다는 북경대학에 입학, 동방학부를 수석으로 졸업했다. 이후 중국의 국비 유학생으로 이집트 카이로대학에서 수학했으며, 중국 외교부 및 모로코 주재 중국대사관 등에서 근무했다. 이러한 그의 이력은 중국 사회에서 엘리트로서의 삶이 평생 보장되었다는 것을 의미했다.

그러나 서른 살이 되던 해, 정수일은 북한으로의 환국(還國)을 선택한다. 중국에서 나고 자랐지만 자신이 가진 지식과 역량을 자신의 민족을 위해 사용하고 싶다는 소신에서였다. 그의 조상이 대대로 살던 고향은 북한의 함경도였고, 당시 남한과 중국은 적국(敵國) 관계였다. 정수일은 이후 15년간 평양 국제관계대학과 외국어대학 동방학부에서 교수를 역임하고 다시 10년 남짓 튀니지, 말레이시아, 필리핀 등지의 대학에서 '이슬람 전문가'로 연구 활동을 계속한다.

1984년 그는 '무하마드 깐수'라는 이름의 아랍계 외국인으로 남한의 서울로 들어온다. 그는 외국인 신분으로 한국 여성과 결혼을 했고, 단국대학 사학과의 교수로 재직하며 한반도의 고대 문명과 아시아와 이슬람 간의 문명 교류 등의 분야에서 활발한 학술 활동을 전개한다. 그러던 1996년, 그는 국가보안법 위반 혐의로 긴급 체포된다. 그가 무하마드 깐수라는 이름의 아랍계 외국인이 아닌, 정수일이란 이름의 북한 공작원이었다는 사실은 세간에 큰 충격을 안겨 주었다. 무하마드 깐수, 아니 정수일은 고정 간첩 혐의로 법정 최고형인 사형을 언도받는다.

정수일, 《소걸음으로 천리를 가다》

이목구비가 뚜렷한 외모, 곱슬머리에 콧수염을 기르고 완벽하게 아랍어를 구사하는 그가 외국인이 아닐 거라는 의심은 체포되던 순간까지 그의 아내조차 해 본 적이 없다고 알려졌다. 그러나 이 기막힌 사연은 그저 흥밋거리에 그쳐서는 안 되는 일이었다. 우리에게 그의 이야기는 분명히 또 충분히 비극적인 것이었다. 중국에서 전도유망한 엘리트로 촉망받던 한 젊은이가 수십 년이 흐른 뒤, 둘로 갈라진 조국에서 외국인으로 신분을 위장하고 간첩 활동을 하다 체포되어 사형을 언도받았다는 것 — 그것은 무엇보다 그가 일제의 식민 수탈을 피해 중국 연변으로 흘러든 조선 유민의 후예로 태어났기 때문이었다. 그의 파란만장한 운명과 기구한 처지는 바로 근현대사에 이르는 우리 민족의 파란만장한 운명과 기구한 처지를 그대로 응축해 놓은 것이었다.

그러나 정수일은 우선 학자였다, 지식인이었다. 그는 채 한 평이 되지 않는 감옥의 독방에서 수의(囚衣)를 입은 채 꿋꿋하게 학자의 임무에 매진한다. 오욕과 모순으로 점철된 자신의 운명을 극복할 수 있는 유일한 방법은 "시대의 소명(召命)에 따라 지성의 양식(良識)으로 겨레에 헌신한다"는 자신의 삶의 지침을 실천하는 것뿐임을 분명히 알고 있었기 때문이다. 죄수의 신분이 된 그가 가장 두려워한 것은 추상같은 사형선고가 아닌, 그때까지 자신이 피땀 흘려 일궈 온 학문적 노력이 수포로 돌아가는 게 아닌가 하는 것이었다. 더구나 그의 연구 분야는 그때까지만 해도 불모지나 다름없던 '문명교류학'이었고, 그는 자타가 공인하는 국내 최고의 이슬람 전문가였다.

그는 감옥에서 그동안 자신의 정체를 숨길 수밖에 없었던 아내에게, 모든 것이 밝혀졌음에도 자신을 저버리지 않은 아내에게 참회와 사랑의 편지를 쓴다. 지나온 삶을 반추하고 이제 자신이 할 일은 더욱 더 학문에 몰두하는 길뿐임을 정수일은 아내에게 띄우는 편지를 통해 다짐하고 또 다짐한다.

나는 결코 세월을 허망하게 소일할 수 없소. 일각을 천금으로 여기고 더욱 분발해야 하는 것이 지금의 내 운명이고 내가 치러야 할 몫이오. 지난 몇 달 동안 나는 이러한 신념과 실천으로 줄기차게 나 자신의 재발견을 시도했고, 그 과정에서 그래야 하고, 또 그럴 수 있다는 귀중한 경험과 교훈을 얻었소.

《소걸음으로 천리를 가다》는 바로 이러한 편지들을 묶은 책이다.

우리는 이제 충격과 비탄에서의 허둥거림을 그만두고 황소처럼 묵직하고 침착하게 앞만 내다보면서 걸어 나가야 할 것이오. 하나하나를 새로이 출발하고 새로이 쌓아간다는 심정과 자세로 과욕이나 성급

정수일, 《소걸음으로 천리를 가다》

함을 버리고 천릿길에 들어선 황소처럼 쉼 없이, 조금도 쉼 없이, 오로지 앞을 향해 한 걸음 한 걸음 나아가야 할 것이오. 느긋할 수밖에 없는 옥방에서 자칫 게으름을 예방하고 무언가 이루어내는 방도는 오로지 우직하게 우보천리(牛步千里)하는 것밖에 없소. 잔꾀에 한눈팔지 않고 속성(速成)에 현혹되지 않으면서 쉼 없이 뚜벅뚜벅 걸어가는 길밖에 다른 길은 없소.

그는 초인적인 의지와 노력으로 5년간의 감옥 생활에서 200자 원고지 2만 5천 장 분량의 연구 초고를 완성한다. 학문에 대한 그의 숭고한 열정은 정치적 이념과 비극의 역사를 뛰어넘는 것이었다. 그는 모두 12개 국어 — 동양어 7개 국어, 서양어 5개 국어 — 를 구사하는 것으로도 부족해 산스크리트어를 비롯한 여러 고대 언어를 새로 익히고, 모국어로 책을 쓰는 사람의 자세라며 매일 아침 첫 일과로 433일간에 걸쳐 총 2,349쪽에 달하는 국어대사전을 완독한다. 전혀 냉난방이 되지 않는 감옥의 독방에서 극심한 육체적 고통과 싸워 가며 그는 황소와 같은 우직함으로 자신의 학문적 소망인 '실크로드학'의 기초를 닦는다. 차가운 바닥에 엎드렸다가, 일어나 앉아 무릎 위에 큰 책을 올려놓고, 그것도 여의치 않자 물을 담는 양동이를 엎어 놓고 그 위에서 글을 쓰다, 자그마한 앉은뱅이책상 하나를 얻고는 아이처럼 기뻐하며 그

소식을 아내에게 전하는 이 진실된 지식인의 모습에 숙연해지지 않을 사람은 아마도 없을 것이다. 고향을 떠난 지 40년 만에 연변 조선족 노동자로 서울에 들어와 있던 동생과 감옥에서 해후하는 장면에 가슴이 시려 오지 않을 사람은 아마도 없을 것이다. 2000년 8월 광복절 특사로 석방된 정수일은 당연히, 여전히 진정한 학자의 길을 가고 있다. 소걸음으로 천 리, 만 리를 가고 있다.

2006년 1월 11일

정수일, 《소걸음으로 천리를 가다》

'절대'는 없다
리영희, 《대화》

대한민국에서 평균적인 공립 교육을 받은 사람이라면, 누구나 '애국 조회'를 기억할 것이다. 우리들 대부분은 — 대략 12년 동안 — 방학 때를 제외한 매주 월요일 아침이면 학교 운동장에 모였다. 네모반듯하게 종으로 횡으로 열과 줄을 맞춰 서면, '국기에 대한 경례'로 애국 조회가 시작되었다. 처음엔 애국가를 불렀고 마지막엔 교가를 불렀다. 비가 내리거나 하면 장소는 체육관이나 강당으로 바뀌기도 했고, 그것도 아니면 교실의 스피커나 티브이 수상기를 통해 조회가 진행되기도 했다. 대한민국에서 학교를 다닌 사람이라면 누구나 경험했을 일이다.

애국 조회를 기억하는 사람이라면 역시 '교장 선생님의 훈화 말씀'도 기억할 것이다. '훈화'라는 말 안에 이미 '말씀(話)'이란 뜻이 있음에도 불구하고, 학생주임이나 교무주임은 언제나 '다음으로 교장 선생님의 훈화 말씀이 있으시겠습니다'라는 부자연스러운 존칭어를 썼다. 또한 마지막이 아니면서도 '에 또, 마지막으로 덧붙일 말은' 하고 이어지던 교장의 '마지막 말'은 단연 애국 조회의 백미였다. 몇 번이고 강조하고 당부하고 덧붙였으니, 그 말들은 제법 중요한 말들이었을 것이다. 학생들을 계도하고 선도하여 올바른 방향으로 이끌고자 하는 이상적인 교육의 지침이 담겨 있었을 것이다.

그러나 기억나지 않는다. 개인적으로 특별히 기억력이 나쁘다거나, 그 당시 걷잡을 수 없이 반항심에 사로잡힌 문제아였다고는 할 수 없다. 그렇다고 애써 한 귀로 듣고 한 귀로 흘려야지 마음을 먹고 있었던 것도 아니다. 그런데 기억나지 않는다. 10년이 넘는 시간 동안 수도 없이 반복된 조회의 훈화 중 그 어느 것 하나 마음에 남아 있지 않는 것이다. 그러나 그럼에도 불구하고 그것들이 어떤 내용의 말들이었는지는 분명히 말할 수 있다. 기억이 나지 않음에도 그것들이 무엇이었는지 얼마든지 얘기할 수 있는 것이다.

리영희, 《대화》

기초 질서를 잘 지키는 것과 단정한 외모와 예의 바른 태도를 유지하는 것이 얼마나 중요한 일인지, 물자를 절약하고 저축을 습관화하는 것이 왜 필요한 것인지, 저마다의 특출한 소질로 학교의 명예를 드높이는 것이 얼마나 자랑스러운 것인지, 86아시안 게임과 88올림픽의 성공적인 개최를 위해 우리가 해야 할 일은 무엇인지, 자유 대한민국을 수호하기 위해 순국선열들이 흘린 피가 얼마나 값진 것이었는지…….
　신발 끝으로 운동장에 의미 없는 그림을 그리거나, 옆 반 친구에게 눈길을 주면서도, 우리들은 열중쉬어 자세로 순진하고 진지한 눈빛으로 훈화를 경청했다. 그러지 않을 수 없었다. 그리하여 이제, 어렴풋이 기억은 날지언정 아무것도 진정으로 가슴에 남아 있지 않다.
　거창한 훈화는 아니라고 해도, 우리는 곧잘 윗세대들의 고생담이나 무용담을 듣는다. 그것은 주로 전쟁과 가난 — 혹은 이데올로기적 투쟁과정 — 을 배경으로 한 '눈물 없이는 들을 수 없는' 역경의 체험담이다. 격동의 한국 현대사를 통과해 온 사람들 중엔 '내 얘기는 장편 소설감'인 경우가 많기도 하다. 그중에는 과연 생생한 역사적 증언도 있고, 드라마틱한 인생 역정도 있으며, 감동과 교훈을 주는 휴먼 스토리도 있다. 그러나 그런 고생담과 무용담이 '내가 그렇게 죽을 고생을 한 끝에 이러한 것을 이뤄 냈고, 너희들은 편히 그 혜택을 누리고 있으니

감사히 생각하라' '불평불만하지 말고 호강하는 줄 알아라'식의 메시지를 넘어 결국 '그러니 마땅히 나를 대접하라'는 결론에 이를 경우, 그것은 너무나 교육적이지만 결코 가슴을 울리지 못하는 구태의연한 애국 조회의 훈화와 별다를 게 없어진다.

조회의 훈화도 드라마틱한 고생담과 무용담도 '대화'는 아니다. 일방적인 커뮤니케이션일 뿐이다. 그 아무리 훌륭한 교훈과 눈물겨운 체험담이라 해도 그것이 '권력'이 된다면, 타인을 억압하게 된다.

리영희(1929-), 한국의 진보 사상을 이끌어 온 노학자. 잘 알려진 대로 '사상의 은사' '지식인의 사표'로 불리며 한국 현대사 그 자체라고도 할 수 있는 상징적인 인물이다. 그가 자신의 마지막 저서가 될 거라고 예감하고 있는 책이 바로 "한 지식인의 삶과 사상"이라는 부제가 붙어 있는 그의 회고록 «대화»이다.

리영희는 군부독재 세력에 의해 '의식화의 원흉'으로 낙인 찍혀 언론계와 대학에서 두 차례씩 쫓겨나는 등 핍박과 탄압을 받았다. 그의 저서 «전환시대의 논리» «우상과 이성» «분단을 넘어서» 등은 너무도 큰 반향을 일으켰고, 그는 모두 아홉 번의 연행 과정에서 세 차례의 옥고를 치르며 '야만의 시대'를 혹독하게 통과해 왔다. 그의 이런 이력은 그가 누구보다도 교훈적인 훈화와 역정의 무용담을 들려주기

리영희, «대화»

에 걸맞은 인물임을 말해 준다. 우리는 옷깃을 여미고 무릎을 꿇고 앉아 그의 말에 고개를 조아려야 할 것 같다. 그러나 그의 회고록의 제목은 《대화》다. 그는 자신의 삶과 사상과 고뇌로 아무도 억압하려 들지 않는다. 쌍방향 커뮤니케이션을 지향한다.

건강 악화로 저술이 불가능한 상황에서 문학평론가 임헌영과의 대화를 통해 자신의 인생을 반추하는 형식으로 쓰인 《대화》는 구술 기록을 정리하여 원고지 2,700매에 달하는 초고를 완성하는 데만도 2년의 시간이 걸렸다고 한다.

고향인 평안도에서의 어린 시절, 서울에서 유학하며 체험한 일제 말기, 그리고 해방과 한국전쟁, 그 광기와 혼돈 속에서 젊은 시절을 보내며 그가 겪은 비극과 절망. 그리고 분단 이후 암흑의 터널 같은 군사정권 시절을 언론인과 학자로 살아 오며 그가 갖게 된 신념과 깨달음이 우리 현대사의 굵직굵직한 사건들과 함께 소용돌이치며 700페이지가 넘는 책장 속에 생생하게 담겨 있다. 그렇게 《대화》는 독자와 '대화'한다.

리영희는 "지식만 있고 의식이 없는 지식인은 지식인이 아니다"라고 말한다. 그리고 자신이 칠십 평생 추구한 것은 오직 '진실'이었고, 분명히 깨달은 것은 '절대'라는 것은 존재할 수 없다는 것이다. 그 어떤 것이라 해도 '절대적'이라면 그것이 바로 '악'이라는 것이다. 사람들이 '절대'를 필요로 하는 것은 나약하기 때문이다. 불안과 두려움을 떨치고 확실하고 완전한 것에 의지하고 싶기 때문이다. 누군가 불안과 두려움을 떨치고 '절대적'인 무언가를 손에 넣게 된다면, 어쩌면 그는 더 이상 인간이 아닐지도 모른다.

리영희는 이 책을 50년 동안 자신을 위해 헌신해 온 '존경하는 아내 윤영자'에게 바쳤다.

2005년 10월 18일

리영희, 《대화》

지금 여기, 나라는 풍경
김형경, ≪사람 풍경≫

어느 미술평론가의 정의에 따르면, "풍경이란 자기 자신이라는 프레임 안으로 들어온 자연이며 세상"이다. 풍경을 그저 자연이나 세상의 한 부분이라고 규정할 수는 없다. 자신이 보고 듣고 느낀 자연, 자신과의 관계에 의해 확립된 세상이 바로 풍경인 것이다. 그는 그러므로 사람들이 풍경에 대해 이야기할 때면 자기 자신을 이야기하지 않을 수 없다는 말을 덧붙인다. 이 세상에 완벽하게 객관적인 풍경이란 존재하지 않으며 그것이 세잔의 풍경화가, 고흐의 풍경화가, 모네의 풍경화가 각기 다른 이유인 것이다.

소설가 김형경의 《사람 풍경》은 그러므로 평범해 보이지만 되새겨 볼 만한 제목을 가진 책이다. '사람 풍경'이란 말 그대로 '사람의 풍경'일 수도 혹은 '사람과 풍경', 또 '사람 속의 풍경'일 수도 '풍경 속의 사람'일 수도 있다. 이 책은 심리 에세이인 동시에 여행 에세이로, 여행을 하며 자신이라는 프레임을 통해 바라본 풍경이 결국은 자기 자신의 마음을 보여 준다는 진실을 전하고 있다.

수년 전, 잘 알려진 베스트셀러 작가이기도 한 김형경이 긴 여행길에 올랐다는 것이 화제가 된 적이 있다. 살던 집을 처분한 것은 단순히 여비를 마련하기 위한 것이었을 뿐 비장한 포즈가 아니었다고 작가는 말하고 있지만, 예술가가 아닌 일반인들이 선뜻 결행할 수 없는 선택임은 분명해 보였다.

20세기 가장 중요한 저서 중의 하나로 꼽히는 프로이트의 <정신분석입문>이 발표된 것은 1917년의 일이다. 이후 거의 한 세기가 흐르는 동안 '정신분석'은 인간을 설명하는 데 있어 없어서는 안 될 개념이 되었다. '정신분석'이나 '심리치료'와 같은 용어는 이제 현대인의 삶에 직접적으로 관여되어 있으며, 정신분석학이나 심리학은 프로이트 시대와는 비교할 수 없을 정도로 방대하고 전문적인 학문 체계를

김형경, 《사람 풍경》

이루고 있다.

    소설가인 김형경을 심리학 분야의 전문가로 여길 수는 없을 것이다. 그러나 저자는 정신분석의 입문서로도 손색이 없는 이 책을 통해 단순한 아마추어 이상의 깊이와 이해를 보여 주고 있다. 그것은 무엇보다 그러한 시도가 그녀 스스로 자신의 마음을 온전히 살피고 진지하게 탐구하려 한 데에서 비롯되었기 때문일 것이다.

    앞서 말한 대로 긴 여행 중에 마주한 숱한 풍경 속에서 김형경은 마음의 풍경들과 만나게 된다. 고대 로마의 지하 묘지인 카타콤을 나서며 그녀는 '의식'과 '무의식'의 개념을 깨닫는다. 암스테르담 중앙역 광장에서 몹시도 초조한 표정으로 자신에게 담배를 청하던 소녀의 떨리던 손끝에서는 '중독'의 본질을 본다. 정신분석의 기본이라 할 수 있는 유아 체험과 어머니와의 애착 관계 형성 과정 역시 김형경이 풍경을 바라보는 중요한 프레임이다. 그녀는 뉴질랜드 어학원의 클래스메이트였던 태국 소녀와 일본 소녀가 각자 가지고 있는 깊은 내면의 상처를 알아본다. 물론 그러한 분석과 판단은 스스로에게 먼저다.

    오래도록 나는 자신을 자주적이고 독립적인 사람이라 생각해왔다. 성인이 된 후 누구의 도움도 받지 않고 생의 모든 문제를 스스로 해결해왔다. 그러나 정신분석을 받으며 자각한 것은 '내 일은 내가 알아서

한다'는 식의 과도한 자주성이 의존성의 뒷면이라는 것이었다. 나 역시 내면에는 누군가에게 보호 받고 도움 받고 싶은 마음이 어마어마하게 억압되어 있었다.

김형경은 여행에서 보고 듣고 느낀 것들을 우울, 공포, 의존, 질투, 투사, 분리, 회피, 동일시, 콤플렉스, 자기애, 공감, 용기, 변화, 자기실현 등과 같은 심리학적 개념에 연결시켜 자신의 마음과 풍경의 마음을 하나하나 섬세하게 매만지고 사려 깊게 보듬는다. 그러나 그러한 시도는 때로 불편하고 아프다. 저자도 독자도 그렇다. 내가 자기 자신에게 이렇게 솔직하지 못했던가. 어떠한 감정의 뒷면에 이토록 어두운 측면이 숨겨져 있었단 말인가. 생의 이면을 탐구하는 것이 직업인 예술가에게도 그것은 분명 힘겨운 일이다. 그러나 그 지점에서 한 걸음 더 나가지 못하면 우리는 결코 진짜 자신의 생을 손아귀에 쥘 수 없다.

이 책에서 제일 빈번하게 눈에 띄는 구절은 바로 "지금 이곳"과 "일단 있는 그대로를 받아들이라"하는 것이다. 내면의 상처와 심리적 모순은 극복되고 해결되어야 할 과제들이지만, 그러기 위해서는 지금 현재의 그런 자신을 부정하거나 외면해서는 안 된다는 것이다. 많은 경우 상처는 왜곡되어 있기 마련이다. 문제의 인정이 문제의 해결보다 더욱 어려운 일일 수 있다. 따라서 우리가 제일 먼저 해야 할 일은

김형경, 《사람 풍경》

자신의 심리적 문제를 객관적으로 정확히 파악하고 그 갈등의 양상을 솔직히 인정하는 일이다. 그렇지 않다면 우리는 끝내 자신의 본질과 진심에 다가가지 못하는, 자기 자신을 외면하고 회피하는 인간이 될 수밖에 없다. 있는 그대로의 자신의 모습을 담담히 인정할 수 있을 때 비로소 긍정적인 변화들이 나타나기 시작한다. 심리적 문제의 해결은 극단적인 변화나 투쟁과도 같은 과격한 전복에 의해서 이루어지는 것이 아니라, 대부분 조절과 조화 같은 부드럽고 점진적인 지혜에 의해서 이루어진다.

오랜 세월 소설을 쓰며 인간의 내면과 자신의 내면을 끊임없이 관찰해 온 김형경은 "인간 정신에 '정상'이란 개념은 없으며, 생이란 그 모든 정신의 부조화와 갈등을 끊임없이 조절해 나가는 과정일 뿐임을 알게 되었다"라고 말한다. 그리고 역시 '사랑'을 말한다.

이제는 사랑이 그토록 고통스러운 이유에 대해서도 짐작할 수 있다. 사랑이 무의식의 서랍을 여는 행위이기 때문일 것이다. 사랑으로 진입하는 순간 내면에 있는 사랑의 원형, 엄마와 나누었던 최초의 사랑이 따라 나온다. 동시에 그 시기에 경험했던 분노, 불안, 공포, 좌절, 시기심 같은 감정들도 열린 무의식의 서랍에서 일제히 날아오른다. 그 감정들의 진짜 근원을 모르는 채 우리는 대체로 현실의 연인에게 자기 내면의 분노, 불안, 의심, 질투를 투사하게 되는 것이다.

사랑의 진정한 위력도 거기에 있을 것이다. 사랑할 때 내면에서 소용돌이치면서 올라오는 부정적인 감정들을 정면으로 끌어안을 수만 있다면, 아주 힘들고 고통스러울지라도 그 감정을 넘어서서 계속 사랑할 수 있다면, 그것만으로도 무의식을 의식의 차원으로 통합시키는 일이 될 것이다. 사랑이 한 사람을 아름답게, 자신감 있게, 성숙하게 만드는 이유 역시 그 어려움을 이겨낸 성과일 것이다. 사랑만 제대로 해낼 수 있다면 인간 정신의 많은 문제들이 해결된다고 한다. 정신분석은 사랑 앞에서 좌절하는 이들에게 필요한 일이라 한다.

나아가 자기 자신을 사랑해야 한다는 것, 자기 자신을 존중해야 한다는 것. 인간이 스스로 가지고 있는 '자기개념'이 곧 자신의 '운명'이기 때문이라는 것이다.

지금 여기, 나라는 풍경을 가만히 바라보자.

2006년 9월 15일

김형경, 《사람 풍경》

≪책의 연인≫ 등장 도서 목록

I

≪열정≫ 산도르 마라이 지음, 김인순 옮김, 솔, 2001
≪쓸모없는 노력의 박물관≫ 크리스티나 페리로시 지음, 정승희 옮김, 작가정신, 2005
≪맛≫ 로알드 달 지음, 정영목 옮김, 도서출판 강, 2005
≪스밀라의 눈에 대한 감각≫ 페터 회 지음, 박현주 옮김, 마음산책, 2005
≪나 이뻐?≫ 도리스 되리 지음, 박민수 옮김, 문학동네, 2003
≪태엽 감는 새≫ 무라카미 하루키 지음, 윤성원 옮김, 문학사상사, 1994
≪소립자≫ 미셸 우엘벡 지음, 이세욱 옮김, 열린책들, 2003
≪철수≫ 배수아 지음, 작가정신, 1998
≪은밀한 생≫ 파스칼 키냐르 지음, 송의경 옮김, 문학과지성사, 2001
≪통역사≫ 수키 김 지음, 이은선 옮김, 황금가지, 2005
≪키메라의 아침≫ 조하형 지음, 열림원, 2004
≪엄청나게 시끄럽고 믿을 수 없게 가까운≫ 조너선 샤프란 포어 지음, 송은주 옮김, 민음사, 2006
≪여기, 우리가 만나는 곳≫ 존 버거 지음, 강수정 옮김, 열화당, 2006
≪참을 수 없는 존재의 가벼움≫ 밀란 쿤데라 지음, 이재룡 옮김, 민음사, 1990

II

≪살아남은 자의 슬픔≫ 베르톨트 브레히트 지음, 김광규 옮김, 한마당, 1999
≪즐거운 일기≫ 최승자 지음, 문학과지성사, 1984
≪입 속의 검은 잎≫ 기형도 지음, 문학과지성사, 1989
≪김수영 평전≫ 최하림 지음, 실천문학사, 2001
≪오름 오르다≫ 이성복 지음, 현대문학, 2004
≪들끓는 사랑≫ 김혜순 지음, 학고재, 1996
≪인숙만필≫ 황인숙 지음, 마음산책, 2003

III

《청춘의 사신》 서경식 지음, 김석희 옮김, 창작과비평사, 2002
《케테 콜비츠》 케테 콜비츠 지음, 전옥례 옮김, 운디네, 2004
《르네 마그리트》 수지 개블릭 지음, 천수원 옮김, 시공사, 2000
《행복한 사람, 타샤 튜더》 타샤 튜더 지음, 공경희 옮김, 월북, 2006
《이다의 허접질》 이다 지음, 이룸, 2003
《반 고흐, 영혼의 편지》 빈센트 반 고흐 지음, 신성림 옮김, 예담, 1999

IV

《사랑의 단상》 롤랑 바르트 지음, 김희영 옮김, 동문선, 2004
《혼자 산다는 것》 메이 사튼 지음, 최승자 옮김, 까치글방, 1999
《인간과 그밖의 것들》 버트런드 러셀 지음, 송은경 옮김, 오늘의책, 2005
《창조성과 고통》 필립 샌드블롬 지음, 박승숙 옮김, 아트북스, 2003
《서준식 옥중서한 1971-1988》 서준식 지음, 야간비행, 2002
《가네코 후미코》 야마다 쇼지 지음, 정선태 옮김, 산처럼, 2003
《오래된 미래》 헬레나 노르베리-호지 지음, 김종철 김태언 옮김, 녹색평론사, 2001
《내 심장을 향해 쏴라》 마이클 길모어 지음, 박선옥 옮김, 집사재, 2001
《앨리스》 장-자크 르세르클 외 지음, 김계영 옮김, 이룸, 2003
《전쟁과 사회》 김동춘 지음, 돌베개, 2000
《불교가 좋다》 가와이 하야오 나카자와 신이치 지음, 김옥희 옮김, 동아시아, 2004
《소걸음으로 천리를 가다》 정수일 지음, 창작과비평사, 2004
《대화》 리영희 지음, 한길사, 2005
《사람풍경》 김형경 지음, 예담, 2006

《**책의 연인**》 등장 도서 목록